# VORWORT

**Schon vor mehr als 2500 Jahren galt Schokolade in Mittelamerika als Getränk der Götter. Das Kaffeetrinken soll irgendwann zwischen dem 6. und dem 9. Jahrhundert in Äthiopien seinen Anfang genommen haben. Beide Bohnen haben mittlerweile einen beispiellosen Siegeszug rund um die Welt hinter sich. Lassen Sie sich überraschen, was man alles aus Kakao und Kaffee machen kann – die alten Götter wären garantiert neidisch ...**

# INHALT

ZUM LÖFFELN

EISKALT

HEISS

BACKEN

KONFEKT

PIKANT

DRINKS

# ZUM LÖFFELN

**Für kleine Kinder gibt es nichts Schöneres, als Schokoladen-Pudding direkt mit dem Finger aus der Schüssel oder dem Topf zu naschen. Das legt sich aber: Mit zunehmendem Alter wächst die Einsicht, dass die Verwendung eines Löffels dem rasch voranschreitenden Zivilisationsprozess wohl eher entspräche; der Reflex, mit dem Finger zu kosten, wird immer öfter unterdrückt. Was bleibt, ist das Vergnügen an cremigen Nachspeisen. Also genießen Sie unsere süßen Kreationen wie Pudding, Creme, Panna cotta, Mousse oder Tiramisu – aber bitte Löffel für Löffel!**

A

B

**Schoko-Rollen** macht man so: 100 g Kuvertüre hacken und in einer Schüssel im warmen Wasserbad schmelzen lassen. Dann auf die Arbeitsfläche dünn aufstreichen (Foto A) und warten, bis die Kuvertüre beginnt, fest zu werden. Mit einem Spachtel entlangfahren und kleine Röllchen formen (Foto B).

# Schoko-Pudding

Zugegeben: Dieses Rezept macht mehr Arbeit als ein Pudding aus der Tüte. Wenn Sie allerdings die sahnige Angelegenheit mit dem überraschenden Orangen-Touch probiert haben, werden Sie künftig garantiert auf Puddingpulver verzichten.

***Für 6 Portionen:***

**40 g Kakaopulver**
**750 ml Milch**
**260 g Zucker**
**9 Eigelb (Kl. M)**
**60 g Speisestärke**
**5 El Orangenlikör**
**(z. B. Cointreau oder Grand Marnier)**
**400 ml Schlagsahne**
**3–4 El Kaffeesirup (z. B. Monin)**

**1.** Kakaopulver mit 150 ml Milch glatt rühren. 600 ml Milch mit 180 g Zucker aufkochen, Kakao einrühren und beiseite stellen. Eigelb mit Stärke glatt rühren, mit einem Schneebesen in den Kakao einrühren und unter Rühren 40 Sekunden kochen lassen. Vom Herd nehmen, Likör und 200 ml flüssige Sahne einrühren. Eine Form (1 l Inhalt) mit kaltem Wasser ausspülen, abtropfen lassen, nicht trocknen. Die Puddingmasse durch ein Sieb in die Form streichen. Klarsichtfolie direkt auf die Puddingmasse legen und mit einer Nadel mehrmals einstechen (dadurch kann die Hitze entweichen). 4–5 Stunden, am besten über Nacht, kalt stellen.

**2.** Für die Sauce 80 g Zucker in einem Topf hellbraun karamellisieren. Mit 200 ml Sahne ablöschen (Vorsicht, das kocht leicht über!) und bei kleiner Hitze in 5–8 Minuten sirupartig einkochen lassen. Mit dem Kaffeesirup würzen und abkühlen lassen. Den Pudding vorsichtig stürzen (dafür muss er an einer Seite Luft ziehen, dann rutscht er gleichmäßig heraus) und mit der Sauce servieren.

**Zubereitungszeit** 1 Stunde (plus Kühlzeiten)
**Pro Portion** 12 g E, 35 g F, 67 g KH = 645 kcal (2703 kJ)

**Als Dekoration eignen sich selbst gemachte Schoko-Rollen.**

# Zimt-Creme

Die Kombination der Gewürze macht aus der Creme etwas ganz Besonderes: Sie ist deutlich vom Zimt dominiert, bekommt aber durch die Zugabe von Espressopulver und Kaffeesirup zusätzlich einen angenehm bitteren Geschmack.

***Für 4–6 Portionen:***

**120 ml Milch**
**370 ml Schlagsahne**
**30 g Zucker**
**2 Zimtstangen**
**3 Eigelb (Kl. M)**
**3 Blatt weiße Gelatine**
**2 Nelken**
**3 Kapseln Kardamom**
**2 Tl Instant-Espressopulver**
**5 El Kaffeesirup (z. B. Monin)**

**1.** Milch mit 125 ml Sahne, Zucker und Zimtstangen aufkochen, 30 Minuten ziehen lassen. Durch ein Sieb gießen und in einem Schlagkessel mit Eigelb verrühren. Gelatine in kaltem Wasser einweichen. Zimt-Milch im heißen Wasserbad unter Rühren 5–10 Minuten erhitzen, bis sie cremig-dicklich wird. Gelatine leicht ausdrücken und in der heißen Zimtmilch auflösen. 30 Minuten kalt stellen, bis die Masse zu gelieren beginnt. Creme mit einem Schneebesen glatt rühren. Restliche Sahne steif schlagen und unterheben. 45 Minuten zugedeckt kalt stellen.

**2.** Nelken und Kardamom mit 100 ml Wasser aufkochen. Espressopulver einrühren und sirupartig einkochen lassen. Mit dem Kaffeesirup würzen und bis zum Servieren ziehen lassen. Zimt-Creme mit einem Löffel auf Gläser verteilen und mit dem Sirup beträufeln.

**Zubereitungszeit** 1 Stunde (plus Zeiten zum Ziehen und Kühlen)
**Pro Portion (bei 6 Portionen)** 5 g E, 22 g F, 14 g KH = 273 kcal (1144 kJ)

**Schoko-Waben? Ganz einfach!**

Dafür muss man nur 2 Streifen Plastiknoppenfolie auf 30 x 8 cm zurechtschneiden, 100 g Bitterkuvertüre hacken und in einer Schüssel im warmen Wasserbad schmelzen. Auf die genoppte Seite der Folie streichen und mindestens 1 Stunde kalt stellen. Jetzt nur noch die Folie vorsichtig abziehen, Kuvertüre in Stücke brechen und die Panna cotta darauf anrichten.

# Mokka-Panna-cotta

Panna cotta oder gekochte Sahne ist Standard in jedem italienischen Lokal. Überraschen Sie Ihre Gäste mit unserer Version aus Mokkasahne. Sie schmeckt außergewöhnlich – und die Schoko-Waben sind ein richtiger Hingucker.

***Für 4 Portionen:***

**3 Blatt weiße Gelatine**
**500 ml Schlagsahne**
**40 g Mokkabohnen oder Espressobohnen**
**80 g Zucker**

**1.** Gelatine in kaltem Wasser einweichen. Sahne mit Mokkabohnen und Zucker aufkochen, 1 Stunde ziehen lassen.

**2.** Mokkasahne durch ein feines Sieb in einen anderen Topf gießen und leicht erwärmen. Gelatine ausdrücken und in der Mokkasahne auflösen. In 4 Förmchen (à 120 ml Inhalt) verteilen. Mit Folie abgedeckt mindestens 6 Stunden kalt stellen.

**3.** Die Förmchen kurz in heißes Wasser tauchen, mit einem Messer zwischen Creme und Formrand entlangfahren und die Creme auf Teller stürzen. Dazu passen selbst gemachte Schoko-Waben (siehe links).

**Zubereitungszeit** 30 Minuten (plus Zeiten zum Ziehen und Kühlen)
**Pro Portion** 5 g E, 41 g F, 29 g KH = 500 kcal (2100 kJ)

# Espresso-Crème-brûlée

Die Besonderheit der Crème brûlée ist die feste, knackige Kruste, unter der sich ein cremiges Innenleben verbirgt. Die Ergänzung des sanften Karamell-Aromas durch Espressopulver macht diese Version zum geschmacklichen Erlebnis.

***Für 4 Portionen:***

**125 ml Milch**
**375 ml Schlagsahne**
**2 Tl Instant-Espressopulver**
**30 g Puderzucker**
**Mark von 1 Vanilleschote**
**4 Eigelb (Kl. M)**
**4 Tl brauner Zucker**

**1.** Milch, Sahne, Espressopulver, Puderzucker, Vanillemark und Eigelb mit einem Schneidstab gut durchmixen. 30 Minuten ziehen lassen. Durch ein feines Sieb in einen Messbecher gießen. In 4 Förmchen (à 150 ml Inhalt) füllen.

**2.** Backofen auf 120 Grad vorheizen. Eine Saftpfanne mit Wasser füllen und im Ofen vorheizen. Die Förmchen hineinstellen und im heißen Wasserbad 2 Stunden stocken lassen (Gas 1, Umluft nicht empfehlenswert). Förmchen aus dem Ofen nehmen und mindestens 6 Stunden, am besten über Nacht, abgedeckt kalt stellen. Vor dem Servieren die Creme portionsweise mit je 1 Tl braunem Zucker bestreuen und mit einer Lötlampe goldbraun gratinieren (Foto B). Kurz abkühlen lassen und dann sofort servieren.

**Zubereitungszeit** 2:30 Stunden (plus Kühlzeiten)
**Pro Portion** 7 g E, 36 g F, 19 g KH = 420 kcal (1758 kJ)

A

B

**Kleine Helfer** gibt es in verschiedenen Ausführungen (Foto A). Die Lötlampe aus dem Baumarkt ist ein Klassiker. Die kleinen aus dem Küchenladen sind handlicher, aber auch teurer. Heizspiralen sind in Spanien gängig (Crema catalana). Wichtig ist nur, dass man den Zucker portionsweise auf die Creme gibt und sofort gratiniert (Foto B)– sonst schmilzt er und bildet keine Karamellkruste.

# Schoko-Zabaglione

Heftiges und anhaltendes Rühren macht aus unserer Version der traditionellen italienischen Weinschaumcreme einen Traum von Schaum. Damit der nicht wieder zusammenfällt, sofort verzehren – das wird Ihnen bestimmt nicht schwer fallen!

***Für 4 Portionen:***

**5 Eigelb (Kl. M)**
**100 g Zucker**
**200 ml Marsala**
**(ital. Dessertwein; ersatzweise roter Portwein)**
**2–3 El Kakaopulver**
**1 Eiweiß (Kl. M)**
**Salz**

**1.** Eigelb mit 80 g Zucker, Marsala und dem Kakaopulver in einem runden Schlagkessel mit einem Schneebesen gut verrühren. Im heißen Wasserbad in ca. 8–10 Minuten cremig-dicklich aufschlagen. Danach in kaltem Wasser ca. 15 Minuten schlagen, bis die Creme kalt ist.

**2.** Eiweiß mit 1 Prise Salz mit dem elektrischen Handrührer steif schlagen, dabei nach und nach den restlichen Zucker einrieseln lassen. 1 Minute weiterschlagen, bis ein cremig-fester Eischnee entsteht, und unter die Zabaglione heben. In Gläser füllen und sofort servieren.

**Zubereitungszeit** 40 Minuten
**Pro Portion** 6 g E, 8 g F, 31 g KH = 244 kcal (1020 kJ)

# Schoko-Mousse

Trotz des ähnlichen Klanges: An „Mus" denkt keiner bei dieser Mousse au chocolat! Sie ist vielmehr das, was das französische Wort bedeutet: ein ausgesprochen leichter, luftiger Schaum – die helle Hälfte schmeckt süß, die dunkle zartbitter.

***Für 4–6 Portionen:***

**130 g Bitterkuvertüre**
**2 Eier (Kl. M)**
**2–3 El brauner Rum**
**550 ml Schlagsahne**
**2 Blatt weiße Gelatine**
**180 g weiße Kuvertüre**
**Bitter- und weiße Kuvertüre zum Bestreuen**

**1.** Für die dunkle Mousse die Kuvertüre grob hacken und in einem runden Schlagkessel bei kleiner Hitze im heißen Wasserbad schmelzen. 1 Ei mit 1 El Wasser verquirlen und in einem zweiten runden Schlagkessel mit einem Schneebesen im heißen Wasserbad ca. 30 Sekunden aufschlagen. Am besten die Kuvertüre mit einem Kochlöffel mit der Eicreme verrühren. Die Creme leicht abkühlen lassen und mit dem Rum würzen. 300 ml Schlagsahne nicht zu steif schlagen, dann unter die Kuvertürecreme heben. Die Mousse 30 Minuten kalt stellen, dann wie rechts beschrieben in eine Form füllen.

**2.** Für die weiße Mousse die Gelatine in kaltem Wasser einweichen. Weiße Kuvertüre hacken und im heißen Wasserbad schmelzen. 1 Ei und 1 El Wasser mit einem Schneebesen ca. 30 Sekunden im heißen Wasserbad aufschlagen. Gelatine ausdrücken und in der heißen Eicreme auflösen. Kuvertüre unterrühren und 30 Minuten kalt stellen. Restliche Sahne nicht zu steif schlagen und unter die Kuvertürecreme heben. In die Form füllen und 2–3 Stunden kalt stellen. Die dunkle und die weiße Mousse mit dunkler und weißer Kuvertüre bestreuen und in der Form servieren.

**Zubereitungszeit** 45 Minuten (plus Kühlzeiten)
**Pro Portion (bei 6 Portionen)** 10 g E, 43 g F, 33 g KH = 562 kcal (2355 kJ)

**Optisch am reizvollsten: dunkle und helle Mousse in einer Schale getrennt nebeneinander (siehe rechts). Genauso gut können Sie die beiden Massen natürlich auch in zwei verschiedenen Glasschalen servieren.**

### Kleine Einfüllhilfe

Die Form mit Alufolie in der Mitte abtrennen. Die Folie fixieren (z. B. mit Küchenpapier), damit sie die Form behält. Ist die erste Mousse fast fest geworden, Folie und Küchenpapier entfernen und die weiße Mousse einfüllen. Wem das zu mühselig ist, der kann es sich auch leichter machen: dunkle Mousse als erste Schicht einfüllen und die weiße einfach obendrauf geben.

# Tiramisu

„Zieh mich hoch" heißt dieser italienische Dessert-Klassiker übersetzt – und das tut er auch, mit viel Espresso und Alkohol. Von unserer Variante mit erfrischendem Orangengeschmack bringen Sie mit Sicherheit mehr als nur ein Stück hinunter ...

***Für 8 Portionen:***

**150 ml Espresso**
**70 g Zucker**
**4 El Brandy**
**3 Blatt weiße Gelatine**
**4 Eigelb (Kl. M)**
**40 g Puderzucker**
**Mark von 1 Vanilleschote**
**200 g Mascarpone (ital. Doppelrahm-Frischkäse)**
**1 Tl fein abgeriebene Orangenschale (unbehandelt)**
**2 El Orangenlikör (z. B. Grand Marnier)**
**200 ml Schlagsahne**
**1 Eiweiß (Kl. M), Salz**
**12 Löffelbiskuits**
**2 El Kakaopulver**

**1.** Espresso mit 50 g Zucker erwärmen, mit Brandy würzen und abkühlen lassen. Gelatine in kaltem Wasser einweichen. Eigelb, Puderzucker und Vanillemark mit den Quirlen des Handrührers 5 Minuten cremig-schaumig rühren. Mascarpone und Orangenschale zügig unterrühren. Orangenlikör leicht erwärmen, Gelatine ausdrücken und darin auflösen. Gelatine-Likör-Mischung vorsichtig unter die Mascarponecreme heben. 15 Minuten kalt stellen. Sahne steif schlagen. Eiweiß mit 1 Prise Salz steif schlagen, dabei restlichen Zucker nach und nach einrieseln lassen. Sahne und Eiweiß abwechselnd unter die Mascarponecreme heben.

**2.** Die Löffelbiskuits in eine Form (30 x 20 cm) legen, mit dem Espresso tränken, die Creme darauf verteilen und glatt streichen. Mindestens 4 Stunden zugedeckt kalt stellen. Vor dem Servieren dick mit Kakaopulver bestreuen.

**Zubereitungszeit** 1 Stunde (plus Kühlzeit)
**Pro Portion** 6 g E, 23 g F, 22 g KH = 335 kcal (1401 kJ)

# EISKALT

**Das älteste süße Dessert war vermutlich ein Sorbet: Schon König Salomon soll sich mit einer Mischung aus Schneewasser und Fruchtsaft erfrischt haben. Nero ließ sich Schnee zum Mischen mit Honig und Früchten aus den Bergen per Läufer-Stafette nach Rom bringen. Glücklicherweise ist der Zugang zu kalten Süßspeisen mittlerweile wesentlich erleichtert. Unsere Rezepte für Parfait, Sorbet und anderes sind unkompliziert und schnell – und wenn Sie ein schlichtes Gefrierfach Ihr Eigen nennen, brauchen Sie dafür nicht einen einzigen Läufer. Versprochen.**

**Für 4 Körbchen**
300 g Halbbitter-Kuvertüre in einer Schüssel im warmen Wasserbad schmelzen. Papiermanschetten in eine Form legen, mit der Kuvertüre füllen, 10 Min. kalt stellen. Die Kuvertüre muss außen fest, in der Mitte flüssig sein, damit man sie wieder ausgießen kann und nur der Rand stehen bleibt (Foto A). Mind. 1 Std. kalt stellen, dann das Papier vorsichtig lösen (Foto B).

# Pralinen-Parfait

Die kühlste und köstlichste Praline der Welt, innen sahnig, außen knusprig: eine Kugel gefrorenes Parfait in schokoladiger Hülle. Den besonderen Kick bekommt sie durch einen Hauch Orange und einen kräftigen Schuss Rum.

***Für 8 Portionen:***

**100 g Bitterkuvertüre**
**100 g Nougat**
**120 ml Milch**
**4 Eigelb (Kl. M)**
**80 g Zucker**
**1 Tl fein abgeriebene Orangenschale (unbehandelt)**
**350 ml Schlagsahne**
**2–3 El brauner Rum**
**Kakaopulver zum Bestreuen**

1. Kuvertüre grob hacken, Nougat grob schneiden und zusammen im heißen Wasserbad schmelzen. Milch mit Eigelb, Zucker und Orangenschale verrühren und in einem runden Schlagkessel im heißen Wasserbad in 10 Minuten cremig-schaumig aufschlagen. Mit der Kuvertüre-Nougat-Mischung verrühren. Im kaltem Wasser so lange schlagen, bis die Masse kalt ist. Sahne steif schlagen und unterheben, mit dem Rum würzen.

2. Die Parfaitmasse mindestens 3 Stunden ins Gefrierfach stellen. Mit einem Eisportionierer Kugeln ausstechen und nebeneinander auf ein vorgekühltes Tablett legen. Weitere 3 Stunden gefrieren. Die Kugeln mit Kakaopulver bestreuen. Dazu passen selbst gemachte Schoko-Körbchen (siehe links).

**Zubereitungszeit** 45 Minuten (plus Gefrierzeiten)
**Pro Portion** 5 g E, 22 g F, 26 g KH = 330 kcal (1383 kJ)

**Wem die Körbchen zu aufwändig sind: Das Parfait schmeckt auch einfach mit einem Fruchtkompott, mit Schokoladen- oder Vanillesauce.**

# Schoko-Sorbet

Ein eiskalter, cremiger Genuss aus bitterer Schokolade und Rum. Wenn Sie die Masse zu einem beeindruckenden Turm aufspritzen und in edlen, vorgefrorenen Schälchen servieren, ist das Sorbet auch fürs Auge ein Fest.

***Für 8 Portionen:***

**300 g Bitterkuvertüre**
**2 Blatt weiße Gelatine**
**300 g Zucker**
**4 El brauner Rum**

**1.** Kuvertüre grob hacken und im heißen Wasserbad schmelzen. Gelatine in kaltem Wasser einweichen. 600 ml Wasser mit dem Zucker aufkochen, mit der geschmolzenen Kuvertüre verrühren und mit einem Schneidstab gut durchmixen. Rum erwärmen, Gelatine ausdrücken, darin auflösen und mit der Sorbetmasse verrühren.

**2.** Die Sorbetmasse vollständig abkühlen lassen, in einer Eismaschine 20–30 Minuten cremig gefrieren. Aus der Eismaschine in einen Behälter füllen und 40 Minuten ins Gefriergerät stellen. In kleinen, vorgefrorenen Schälchen anrichten.

**Zubereitungszeit** 1 Stunde (plus Gefrierzeit)
**Pro Portion** 4 g E, 4 g F, 61 g KH = 314 kcal (1313 kJ)

## Kumquat-Kompott

400 g Kumquats mit einer Nadel mehrmals einstechen und in kochendem Wasser blanchieren, abschrecken, abtropfen lassen und halbieren. 80 g Zucker hellbraun karamellisieren, mit 400 ml Orangensaft ablöschen und mit 20 g gehacktem Ingwer um ⅓ einkochen lassen. 2 Tl Speisestärke in wenig Wasser glatt rühren und den Sud damit binden. Kumquats zugeben, einmal aufkochen und darin abkühlen lassen.

# Schoko-Parfait mit Chili

Auf den ersten Blick eine verwegene Kombination: Kakao, Chili, Muskat und Kumquats (Zwergorangen). Aber der Mix aus Süße und Schärfe hat Tradition – schon die alten Azteken nahmen ihre Schokolade mit Chili gewürzt zu sich.

***Für 6–8 Portionen:***

**70 g Zucker**
**5 Eigelb (Kl. M)**
**20 g Kakaopulver**
**4 El Kakaolikör**
**250 ml Schlagsahne**
**½ Tl Chilipulver**
**Muskatnuss**
**Espressopulver zum Bestreuen**

**1.** 100 ml Wasser mit Zucker und Eigelb in einem Schlagkessel mit dem Schneebesen im heißen Wasserbad in 10 Minuten cremig-dicklich aufschlagen.

**2.** Kakaopulver mit Kakaolikör glatt rühren und in die Masse rühren. In kaltem Wasser so lange schlagen, bis die Masse kalt ist. Sahne steif schlagen und unterheben. Das Parfait kräftig mit Chili und Muskat würzen.

**3.** Die Masse in schmale hohe Förmchen füllen und zugedeckt mindestens 6 Stunden gefrieren. Die Förmchen kurz in heißes Wasser tauchen, das Eis aus den Formen stürzen und mit Espressopulver bestreuen. Dazu passt Kumquat-Kompott (siehe links).

**Zubereitungszeit** 40 Minuten (plus Gefrierzeit)
**Pro Portion (bei 8 Portionen)** 3 g E, 14 g F, 12 g KH = 187 kcal (785 kJ)

**Überwürzen Sie das Parfait getrost. Wenn es Ihnen beim Probieren vor dem Gefrieren fast zu scharf erscheint, ist es danach genau richtig: Denn durch das Gefrieren gehen einige Aromen verloren. Das ist nicht nur bei Eis so, sondern auch bei der Zubereitung von Gelees oder Terrinen.**

# Espresso-Granité

Das erfrischende Granité ist die perfekte Lösung für alle Koffein-Junkies: Auch im glühendsten Sommer ist der Nachschub am wachmachenden Stoff gesichert – und man vermeidet die völlige Überhitzung durch heißen Kaffee.

***Für 4 Portionen:***

**0,5 l heißer Espresso**
**80 g Zucker**
**2–3 El Brandy**

1. In dem heißen Espresso den Zucker auflösen und mit 2–3 El Brandy würzen. Espresso vollständig abkühlen lassen und in eine flache Arbeitsschale gießen. Mindestens 3 Stunden ins Gefrierfach stellen.

2. Sobald die Masse zu gefrieren beginnt, mit einem Löffel oder Spatel am Boden der Form entlangfahren und die Masse in kleine Kristalle schaben (siehe rechts). Erneut einfrieren und diesen Vorgang mehrmals wiederholen, bis das Granité entsteht. Sofort in Gläser oder Tassen füllen und servieren.

**Zubereitungszeit** 20 Minuten (plus Gefrierzeiten)
**Pro Portion** 0 g E, 0 g F, 20 g KH = 93 kcal (389 kJ)

**Wenn Sie das Granité etwas kräftiger haben wollen, gießen Sie vor dem Servieren Brandy über das Eis. Nicht vorher in die Masse geben: zu viel Zucker oder zu viel Alkohol verhindern das Gefrieren!**

**Geduld bitte!**
Die kleinen Kristalle bilden sich am besten, wenn die Flüssigkeit zunächst an den Gefäßrändern zu gefrieren beginnt. Erst ab diesem Moment sollte man mit dem Schaben beginnen. Wieder einfrieren und erneut schaben, sobald es wieder gefriert. Das dauert zwar etwas länger, aber der Aufwand lohnt sich.

**Marzipanlöffel**

60 g Marzipanrohmasse fein reiben, 60 g Puderzucker und 20 ml Milch glatt rühren. 1 Eiweiß und 1 Prise Salz unterrühren und zu einem glatten Teig verarbeiten. 60 g gesiebtes Mehl unterarbeiten. Eine Löffel-Schablone ausschneiden, mit Teig bestreichen und im Ofen bei 180 Grad (Gas 2–3, Umluft 170 Grad) auf der 2. Schiene von unten 7–10 Min. goldbraun backen. Löffel auskühlen lassen und Schablone entfernen.

# Geeister Latte macchiato

Ohne Latte macchiato geht in manchen Kreisen ja gar nichts. Das beliebte Modegetränk gibt es in jedem Coffee-Shop und jeder Cafeteria. Echte Trendsetter probieren unsere gefrorene Variante. Der Marzipanlöffel ist ein absolutes Muss!

***Für 4 Portionen:***

**1 Blatt weiße Gelatine**
**3 Eigelb (Kl. M)**
**1 Ei (Kl. M)**
**50 g Zucker**
**2 El Instant-Espressopulver**
**250 ml Schlagsahne**
**100 ml Milch**

**1.** Gelatine in kaltem Wasser einweichen. Eigelb, Ei und Zucker mit dem Schneebesen im heißen Wasserbad cremig-dicklich aufschlagen. Gelatine ausdrücken und darin auflösen, Espressopulver zugeben und darin auflösen. Die Masse im kalten Wasserbad kaltschlagen. Die Sahne steif schlagen und unterheben. Die Masse in 4 Gläser füllen und mindestens 6 Stunden gefrieren.

**2.** 15 Minuten vor dem Servieren die Gläser aus dem Gefrierfach nehmen und antauen lassen. 100 ml Milch leicht erwärmen und mit einem Schneebesen oder Milchaufschäumer schaumig schlagen. Leicht abkühlen lassen und den Milchschaum in den Gläsern verteilen.

**Zubereitungszeit** 40 Minuten (plus Gefrierzeit)
**Pro Portion** 8 g E, 26 g F, 16 g KH = 329 kcal (1378 kJ)

# Weißes Schokoladen-Eis

Diese aufregende Kreation lebt vom Kontrast: Das sahnige, milde Eis aus weißer Schokolade wird mit kräftigen, knusprigen Mandelkörbchen serviert. Während das Eis auf der Zunge zergeht, können Sie es gleichzeitig so richtig krachen lassen.

***Für 10 Portionen:***

**250 g weiße Kuvertüre**
**500 ml Milch**
**500 ml Schlagsahne**
**330 g Zucker**
**4 Eier (Kl. M)**
**4 Eigelb (Kl. M)**
**120 g Butter**
**3 El Orangensaft**
**120 g Mandelblättchen**
**80 g gesiebtes Mehl**

**1.** Kuvertüre fein hacken und bei milder Hitze im Wasserbad schmelzen. Milch mit Sahne und 80 g Zucker aufkochen, leicht abkühlen lassen. Eier und Eigelb mit der Sahnemischung gut durchrühren. In einem runden Schlagkessel im heißen Wasserbad in ca. 8–10 Minuten unter Rühren erhitzen, bis die Masse cremig-dicklich wird. Kuvertüre zugeben, gut verrühren und durch ein feines Sieb in einen anderen Topf gießen. Die Eismasse abkühlen lassen. Mit einem Schneidstab gut durchmixen und in eine Eismaschine füllen. In ca. 20–25 Minuten cremig-fest gefrieren lassen. Aus der Eismaschine nehmen und in einem Behälter 30 Minuten ins Gefrierfach stellen.

**2.** Für die Mandelkörbchen die Butter mit dem restlichem Zucker und dem Orangensaft 1–2 Minuten kochen, bis sich der Zucker gelöst hat. Die Mandelblättchen unterheben. Topf vom Herd nehmen und zügig das Mehl unterrühren. Körbchen portionsweise backen (siehe rechts). Das Eis zu Kugeln formen und in den Mandelkörbchen servieren.

**Zubereitungszeit** 1:30 Stunden (plus Gefrierzeit)
**Pro Portion** 12 g E, 48 g F, 57 g KH = 703 kcal (2945 kJ)

**Die Mandelkörbchen lassen sich auf Vorrat machen. Zwischen Lagen von Backpapier halten sie sich in einer Keksdose 1 Woche. Kühl (aber nicht im Kühlschrank!) und trocken lagern.**

## Mandelkörbchen

**Die Mandelmasse mit befeuchtetem Löffel in je 2 Portionen mit viel Abstand zueinander dünn auf ein Backblech drücken (Foto A). Im vorgeheizten Ofen bei 180 Grad (Gas 2–3, Umluft 170 Grad) 8–10 Min. goldbraun backen. Aus dem Ofen nehmen, ca. 1 Min. abkühlen lassen, mit einer Palette leicht auf eine umgedrehte Tasse drücken (Foto B). Vollständig abkühlen lassen.**

# HEISS

**Die Nase ist für das Vergnügen am Essen wichtiger, als viele glauben. Ohne den Geruchssinn könnten wir statt feiner Trüffel genauso gut Sägespäne essen – das Erlebnis wäre etwa das gleiche. Was wir riechen und schmecken, die intensiven Aromen, entwickelt sich erst bei höheren Temperaturen so richtig: Etwas Warmes braucht der Mensch, weil es besser schmeckt. Das gilt natürlich auch für die folgenden Rezepte mit Kaffee und Schokolade. Nehmen Sie ruhig eine richtige Nase voll davon, ehe Sie sich die Leckereien dann auf der Zunge zergehen lassen!**

A

B

**Richtig ausstreuen** muss man die ofenfesten Förmchen, damit sich das Soufflé später leicht aus den Formen stürzen lässt. Dafür die Förmchen zunächst großzügig mit Butter einstreichen (Foto A) und dann mit Zucker füllen. Danach den überflüssigen Zucker wieder ausgießen. Die Soufflé-Masse bis knapp unter den Rand einfüllen (Foto B) und backen.

# Mokka-Soufflé

Hier treffen Welten aufeinander: heiß und kalt, luftig-schaumiges Soufflé und fruchtig-sämige Sauce, bitterer Mokka und süß-säuerliche Erdbeeren. Aus der Vermählung dieser Gegensätze entsteht ein einzigartiges Geschmackserlebnis.

***Für 4–6 Portionen:***

**300 ml Milch**
**80 g Mokkabohnen**
**250 g Erdbeeren**
**100 g Zucker**
**1–2 El Zitronensaft**
**20 g Butter**
**50 g Hartweizengrieß**
**2 Eier (Kl. M)**
**Butter und Zucker für die Förmchen**

**1.** Milch mit den Mokkabohnen aufkochen und 30 Minuten ziehen lassen.

**2.** Inzwischen für die Erdbeersauce Erdbeeren waschen, abtropfen lassen, putzen und halbieren. Erdbeeren mit 30 g Zucker und Zitronensaft mit dem Schneidstab pürieren und durch ein feines Sieb streichen.

**3.** Backofen auf 170 Grad (Gas 1–2, Umluft nicht empfehlenswert) vorheizen. Eine Pfanne oder Auflaufform mit Wasser füllen und in den Ofen auf die unterste Schiene stellen. Mokkamilch durch ein Sieb in einen anderen Topf gießen. Mokkamilch mit 30 g Zucker und Butter erneut aufkochen. Grieß mit einem Schneebesen einrühren und 4–5 Minuten quellen lassen. Eier trennen. Eigelb mit dem Schneebesen in die heiße Grießmasse rühren. Leicht abkühlen lassen. 4 ofenfeste Förmchen (à 120 ml Inhalt) mit Butter einfetten und mit Zucker ausstreuen. Eiweiß steif schlagen, dabei den restlichen Zucker einrieseln lassen. Weiterschlagen, bis ein cremig-fester Eischnee entsteht. Unter die Grießmasse heben und in die Förmchen füllen. Ins Wasserbad stellen und 35 Minuten backen. Aus dem Ofen nehmen, auf Teller stürzen und mit der Erdbeersauce sofort servieren.

**Zubereitungszeit** 1:30 Stunden
**Pro Portion (bei 6 Portionen)** 6 g E, 12 g F, 51 g KH = 337 kcal (1414 kJ)

# Birnen mit Schoko-Sauce

Allein die Farben sind eine Augenweide! Ingwer und Sternanis verleihen dieser Kombination aus Frucht und Schokolade einen Hauch von Fernost. Wer ein Dessert sucht, das ein asiatisches Menü abrundet, ist hier wirklich bestens bedient.

***Für 4 Portionen:***

**80 g Bitterkuvertüre**
**100 ml Schlagsahne**
**20 g frische Ingwerwurzel**
**4 Birnen (à 200 g)**
**4 El Zitronensaft**
**8 Tl Puderzucker**
**8 Tl Honig**
**8 El Weißwein**
**8 Sternanis**

1. Kuvertüre hacken und in einer Schüssel im heißen Wasserbad schmelzen. Sahne aufkochen und mit der Kuvertüre verrühren. Ingwer schälen, fein hacken und zur Schoko-Sauce geben. Bis zum Servieren abkühlen lassen.

2. Birnen schälen, halbieren und in einer Schale mit dem Zitronensaft einreiben, mit je 1 Tl Puderzucker bestäuben. Jeweils 2 Birnenhälften mit der Schnittseite nach unten auf einen Bogen Alufolie legen. Mit je 2 Tl Honig und je 2 El Weißwein beträufeln und je 1 Sternanis zugeben. Alufolien verschließen und auf ein Backblech legen. Im vorgeheizten Backofen bei 180 Grad (Gas 2–3, Umluft 170 Grad) auf der 2. Schiene von unten 25–30 Minuten garen. Birnen aus dem Ofen nehmen und mit der Schoko-Sauce servieren.

**Zubereitungszeit** 1:10 Stunden
**Pro Portion** 4 g E, 10 g F, 60 g KH = 362 kcal (1516 kJ)

**Gebackene Birnen**
garen in der Folie gleichmäßig. Sie sollten nicht zu reif sein, damit sie nicht zu weich werden. Die Birnen nehmen das Sternanis-Aroma gut an. Vanille oder Nelken, aber auch Rosmarin oder Thymian eignen sich genauso gut als Aromageber.

**Der Teig für die Churros** sollte so aussehen, bevor die Eier untergerührt werden. Er soll sich als ganzer Kloß vom Topfboden lösen, ein weißer bis hellbrauner Belag sollte sichtbar sein.

# Churros mit Schoko-Dip

Wenn schon sündigen, dann richtig: frittiertes Spritzgebäck aus Brandteig, in Zucker-Zimt-Mischung gewälzt und in eine dicke, verlockende Schokoladensauce getaucht. In Spanien isst man das schon zum Frühstück.

***Für 4 Portionen:***

**80 g Bitterkuvertüre**
**100 ml Schlagsahne**
**1 Tl fein abgeriebene Orangenschale (unbehandelt)**
**60 ml Milch**
**30 g Butter**
**Salz**
**60 g Mehl**
**2 Eier (Kl. M)**
**ca. 700 ml Öl zum Frittieren**
**50 g Zucker**
**1 Tl Zimtpulver**

1. Kuvertüre grob hacken und in einer Schüssel über dem heißen Wasserbad schmelzen. Sahne aufkochen und mit der Kuvertüre verrühren. Die Sauce etwas abkühlen lassen, dann mit der Orangenschale würzen.

2. Milch mit 60 ml Wasser, Butter und 1 Prise Salz aufkochen. Das Mehl auf einmal zugeben und mit einem Kochlöffel verrühren. Ca. 3–4 Minuten unter Rühren erhitzen, bis sich der Teig als Kloß vom Topfboden löst. Den Teig in eine Schüssel geben und die Eier mit den Knethaken des elektrischen Handrührers nacheinander einrühren, bis ein glatter Teig entsteht. Teig leicht abkühlen lassen, in einen Spritzbeutel mit mittelgroßer Sterntülle füllen. Öl in einem hohen Topf (oder einer Fritteuse) auf ca. 170 Grad erhitzen. Den Brandteig in 4 etwa 5 cm langen Portionen in das Öl spritzen und 4–5 Minuten frittieren, dabei einmal wenden. Churros mit einer Schaumkelle aus dem Fett heben und auf Küchenpapier abtropfen lassen. Zucker und Zimt mischen, Churros sofort in der Mischung wenden und mit der Sauce noch heiß servieren.

**Zubereitungszeit** 1 Stunde
**Pro Portion** 8 g E, 45 g F, 38 g KH = 584 kcal (2447 kJ)

**Das Frittieren geht am besten, wenn man den Teig mit einer Schere abschneidet. Dabei die Scherenklingen jedes Mal kurz in Öl tauchen, damit der Teig nicht an der Schere klebt.**

# Mohr im Hemd

Mit einem Soufflé können Sie Ihre Gäste mächtig beeindrucken, weil Soufflés gemeinhin als äußerst schwierig gelten. Unseres ist es garantiert nicht. Eins müssen Sie aber beachten: Lassen Sie die Gäste aufs Soufflé warten – nicht umgekehrt!

***Für 4 Portionen:***

**50 g Bitterkuvertüre**
**50 g geröstete Haselnusskerne**
**Butter und Zucker für die Förmchen**
**50 g zimmerwarme Butter**
**60 g Puderzucker**
**3 Eigelb (Kl. M)**
**2 El brauner Rum**
**3 Eiweiß (Kl. M)**
**Puderzucker zum Bestäuben**

**1.** Kuvertüre hacken und im heißen Wasserbad schmelzen. Haselnüsse in einer Küchenmaschine fein mahlen. 4 feuerfeste Förmchen (à 120 ml Inhalt) großzügig mit Butter einfetten und mit Zucker ausstreuen. Butter und 30 g Puderzucker mit den Quirlen des elektrischen Handrührers sehr schaumig rühren. Eigelb nach und nach zugeben und unterrühren. Mit der Kuvertüre glatt rühren, mit dem Rum würzen. Eiweiß steif schlagen, dabei nach und nach den restlichen Puderzucker zugeben und weiterschlagen, bis ein cremig-fester Eischnee entsteht. Abwechselnd mit den Nüssen unter die Kuvertüremasse heben. Die Soufflémasse in den Förmchen verteilen.

**2.** Eine Pfanne oder Auflaufform mit kochendem Wasser füllen und in den auf 180 Grad vorgeheizten Backofen auf die unterste Schiene stellen (Gas 2–3, Umluft nicht empfehlenswert). Die Förmchen ins Wasserbad stellen und 25–30 Minuten backen. Die Soufflés aus dem Ofen nehmen, dick mit Puderzucker bestäuben und sofort servieren. Dazu passt geschlagene Sahne.

**Zubereitungszeit** 50 Minuten
**Pro Portion** 8 g E, 26 g F, 27 g KH = 389 kcal (1628 kJ)

A

B

C

**Strudelteig**
**auf einem Küchentuch hauchdünn ausziehen, die Füllung darauf verteilen. Seitliche Ränder einklappen und den Teig mit Hilfe des Tuchs aufrollen.**

# Schoko-Strudel

Eine Füllung aus Trockenfrüchten und Mandeln – das ist der Geschmack von Weihnachten. Und mit dem Strudel ist es wie mit dem Geschenkpaket unterm Baum: Sie sehen von außen nicht, welche Überraschung sich im Inneren verbirgt.

***Für 6–8 Portionen:***

**300 g Mehl, Salz, 5 El Öl**
**30 g Rosinen, 2 El Rum**
**2 Eigelb (Kl. M), 1 El Kakaopulver**
**40 g Zucker, 1 Birne (200 g)**
**25 g gehackte Haselnusskerne**
**25 grob gehackte Kürbiskerne**
**25 g Schokoraspel**
**25 g klein geschnittene Trockenfrüchte (z. B. Dörrpflaumen und Aprikosen)**
**1 Eiweiß (Kl. M), 50 g flüssige Butter**
**30 g gemahlene Mandelkerne**

**1.** Mehl mit 150 ml Wasser, 1 Prise Salz und 3 El Öl mit den Knethaken des elektrischen Handrührers zu einem geschmeidigen Teig verkneten. Mit den Händen gut durchkneten, in einer kleinen Schale mit dem restlichen Öl bestreichen und mit Folie bedeckt 1 Stunde ruhen lassen. Rosinen im Rum einweichen.

**2.** Eigelb, Kakao und 30 g Zucker mit den Quirlen des Handrührers 5 Minuten cremig rühren. Birne schälen, halbieren, entkernen und in kleine Stücke schneiden. Birnen, Haselnüsse, die Hälfte der Kürbiskerne, Schokoraspel und Trockenfrüchte unter die Eigelbmasse heben. Eiweiß mit restlichem Zucker steif schlagen und unterheben. Strudelteig wie links beschrieben auf einem Küchentuch ausziehen, mit $^{2}/_{3}$ der flüssigen Butter bestreichen und mit den Mandeln und den restlichen Kürbiskernen bestreuen. Die Füllung darauf verteilen (Foto A), die Längsseiten einschlagen (Foto B) und den Strudel aufrollen (Foto C). Mit der restlichen Butter bestreichen.

**3.** Strudel auf ein mit Backpapier belegtes Backblech setzen und im vorgeheizten Ofen bei 190 Grad (Gas 2–3, Umluft 170 Grad) auf der untersten Schiene 35–40 Minuten backen. Aus dem Ofen nehmen, kurz abkühlen lassen, in Stücke schneiden, mit Puderzucker bestäuben und mit Vanillesauce servieren.

**Zubereitungszeit** 1 Stunde (plus Ruhezeit)
**Pro Portion (bei 8 Portionen)** 8 g E, 20 g F, 42 g KH = 381 kcal (1592 kJ)

# Schoko-Crêpes mit Nussfüllung

Crêpes mit Haselnusscreme aus dem Glas werden auf jedem Jahrmarkt angeboten, meist von eher bescheidener Qualität. Unsere dagegen sind gigantisch – und können es durchaus mit den Originalen in der Bretagne aufnehmen. Probieren Sie!

***Für 4 Portionen:***

**1 Ei (Kl. M)**
**100 ml Milch**
**Zucker, Salz**
**90 g Mehl**
**50 ml Mineralwasser**
**ca. 20 g Butter zum Braten**
**70 g Bitterkuvertüre**
**200 ml Schlagsahne**
**50 g Zucker**
**30 g Rosinen**
**120 g gehackte Haselnusskerne**
**2 El brauner Rum**
**1 Tl fein abgeriebene Zitronenschale (unbehandelt)**

**1.** Ei mit Milch, 1 Prise Zucker, 1 Prise Salz und Mehl glatt rühren, 15 Minuten ruhen lassen. Dann das Mineralwasser unterrühren. Wenig Butter in einer Pfanne (20 cm Ø) erhitzen und insgesamt 4 dünne Crêpes ausbacken (dabei nach jedem Crêpe die Pfanne mit Küchenpapier säubern). Die Crêpes zwischen Backpapier legen und warm halten. Kuvertüre hacken und im heißen Wasserbad schmelzen. 100 ml Sahne aufkochen und mit der Kuvertüre verrühren. Bis zum Servieren abkühlen lassen.

**2.** Für die Füllung die restliche Sahne mit Zucker, Rosinen und Haselnüssen 4–5 Minuten bei mittlerer Hitze einkochen lassen, bis eine cremige Masse entsteht und sich alle Zutaten verbunden haben. Mit Rum und Zitronenschale würzen. Die Füllung und je 1 El Schoko-Sauce auf die Crêpes streichen, aufrollen oder zusammenklappen. Die Crêpes gegebenenfalls in einer Pfanne oder im Backofen erwärmen. Mit der restlichen Schokoladen-Sauce servieren.

**Zubereitungszeit** 50 Minuten
**Pro Portion** 12 g E, 42 g F, 52 g KH = 645 kcal (2699 kJ)

# BACKEN

**Wenn jemand mit dem normalen Angebot gar nicht zufrieden ist, sagt man: Der muss sich das backen lassen! Hier bekommen Sie die Chance, sich Ihre Träume selber zu backen: Kuchen und Torten nämlich, die Sie garantiert bei keinem Konditor finden. Eine Schoko-mousse-Torte zum Hinschmelzen oder eine bitter-fruchtige Herrentorte mit Quitten, künstlerisch wertvolle Ganache-Törtchen mit gesponnenem Zucker oder eine Espresso-Torte mit in Grappa marinierten Trauben ... Kriegen Sie das auch gebacken? Ganz sicher: Sie brauchen nur umzublättern.**

## So wird glasiert

150 g Halbbitter-Kuvertüre hacken und in einer Schüssel im heißen Wasserbad schmelzen. 20 g Kakaopulver mit 70 ml Wasser glatt rühren. Kakao, 60 g Zucker und 50 g Crème double aufkochen und mit der Kuvertüre verrühren. Ca. 30 Minuten abkühlen lassen, bis die Glasur zähflüssig ist. Glasur auf die Torte gießen und mit einer Palette zügig rundum verteilen. 1 Stunde kalt stellen.

# Schokomousse-Torte

Ein wahrer Traum aus Schokolade! Weil man davon nicht genug kriegen kann, findet sie sich im Teig, in der Füllung und in der zart schmelzenden Glasur. Dazu feines Orangenaroma und Johannisbeeren – ein aufregendes Geschmackserlebnis.

***Für 10 Stücke:***

**200 g Halbbitter-Kuvertüre**
**4 Eier (Kl. M), 50 g zimmerwarme Butter**
**40 g Zucker, 50 g gesiebtes Mehl, 10 g Kakaopulver**
**30 g Johannisbeergelee, 2 Blatt weiße Gelatine**
**70 g Vollmilch-Kuvertüre,1 El brauner Rum**
**2 El Orangenlikör (z. B. Grand Marnier oder Cointreau)**
**200 ml Schlagsahne**

**1.** Für den Biskuit 30 g Halbbitter-Kuvertüre hacken und im heißen Wasserbad schmelzen. 2 Eier trennen. Butter mit dem Handrührer cremig aufschlagen, Eigelb und abgekühlte, aber noch flüssige Kuvertüre unterrühren. Eiweiß mit Zucker steif schlagen, abwechselnd mit Mehl und Kakao unter die Eimasse heben. Den Boden einer Springform (18 cm Ø) mit Backpapier auslegen. Den Teig einfüllen und im vorgeheizten Ofen bei 180 Grad auf der 2. Schiene von unten 15 Minuten backen (Gas 2–3, Umluft 12–15 Minuten bei 170 Grad). In der Form abkühlen lassen. Aus der Form lösen und den Teig waagerecht halbieren. Einen Boden mit der Schnittseite nach oben wieder in die Form legen und mit dem leicht erwärmten Gelee bestreichen. Den zweiten Boden in Folie wickeln und für die nächste Torte einfrieren.

**2.** Gelatine in kaltem Wasser einweichen. Restliche Kuvertüre und Vollmich-Kuvertüre hacken und im heißen Wasserbad schmelzen. Rum und Likör erwärmen, Gelatine ausdrücken und darin auflösen. Restliche Eier in einem runden Schlagkessel im heißen Wasserbad mit einem Schneebesen schaumig aufschlagen. Gelatine und Kuvertüre mit einem Holzlöffel unterrühren. 10 Minuten kalt stellen. Sahne nicht zu steif schlagen und unter die Mousse heben. Mousse in die Form auf den Boden füllen und glatt streichen. Mindestens 6 Stunden kalt stellen. Aus der Form lösen. Glasur herstellen (siehe links) und Torte damit bestreichen.

**Zubereitungszeit** 1:10 Stunden (plus Kühlzeiten)
**Pro Stück** 9 g E, 20 g F, 44 g KH = 399 kcal (1670 kJ)

# Schoko-Roulade

Keine Angst vor Rouladen – mit ein paar kleinen Tricks gelingen sie auch Ihnen perfekt. Und bei dem verlockenden, herb-süßen Ergebnis sollten Sie es am besten gleich noch einmal versuchen: Übung macht den Meister.

***Für 12 Portionen:***

**5 Eier (Kl. M), 120 g Zucker**
**120 g gesiebtes Mehl, 30 g flüssige Butter**
**1 Tl fein abgeriebene Orangenschale (unbehandelt)**
**40 g Kakaopulver**
**500 g zimmerwarme Mascarpone**
**40 g Puderzucker**
**3 Tl Instant-Espressopulver**
**80 g Amarena-Kirschen (in Sirup)**
**200 g Kirschkonfitüre**
**Zucker zum Aufrollen**

**1.** Eier und Zucker in einer Küchenmaschine 10 Minuten sehr schaumig aufschlagen. Backblech (40 x 35 cm) mit Backpapier auslegen. Mehl, Butter, Orangenschale und Kakaopulver unter die Eicreme heben. Den Teig auf dem Backblech verteilen und glatt streichen. Im vorgeheizten Ofen bei 190 Grad 12–15 Minuten backen (Gas 2–3, Umluft 10–12 Minuten bei 170 Grad). Aus dem Ofen nehmen, umgekehrt auf ein gezuckertes Küchentuch stürzen (Foto A), mit Hilfe des Küchentuchs aufrollen (Foto B) und im Küchentuch abkühlen lassen.

**2.** Mascarpone mit Puderzucker und Espressopulver glatt rühren und in einen Spritzbeutel mit großer Lochtülle füllen. Kirschen abtropfen lassen und halbieren. Konfitüre erwärmen und durch ein Sieb streichen.

**3.** Teigrolle wieder mit Hilfe des Küchentuchs ausrollen und mit der Konfitüre bestreichen. Mascarpone in Streifen (Foto C) auf den Teig spritzen und glatt streichen. Kirschen darauf verteilen, die Roulade mit Hilfe des Küchentuchs wieder aufrollen. 1 Stunde kalt stellen, dann in Scheiben schneiden und servieren.

**Zubereitungszeit** 1:10 Stunden (plus Kühlzeit)
**Pro Portion** 7 g E, 25 g F, 39 g KH = 416 kcal (1739 kJ)

**Zucker auf dem Handtuch bewirkt, dass der warme Teig nicht am Küchentuch festklebt und man ihn darin auskühlen lassen kann.**

A

B

C

A

B

## So geht's

Die Form mit etwas Öl einstreichen und mit Klarsichtfolie auslegen. Durch das Öl klebt die Folie besser in der Form und verrutscht nicht. Dann wird immer abwechselnd eingeschichtet: erst Creme (Foto A), dann Teigplatten (Foto B). Die oberste Schicht muss wieder Creme sein. Kalt stellen. Mit Hilfe der Folie den Hund stürzen, dann die Folie entfernen.

# Weißer Kalter Hund

Den klassischen Kalten Hund mit dunkler Creme und Butterkeksen kennt wohl jeder aus seiner Jugend. Er ist auch heute noch der Renner auf jedem Kindergeburtstag. Zeit für Abwechslung? Hier die weiße Version.

***Für 10 Portionen:***

**110 g Mehl**
**70 g Butter**
**25 g Kakaopulver**
**30 g Zucker, Salz**
**1 Eigelb (Kl. M)**
**Mehl zum Bearbeiten**
**100 g Aprikosenkonfitüre**
**300 g weiße Kuvertüre**
**120 ml Schlagsahne**
**Mark von 1 Vanilleschote**
**2 El Rum**
**150 g Butter**

**1.** Mehl, Butter, Kakao, Zucker, 1 Prise Salz, Eigelb zu einem geschmeidigen Teig verkneten. In Folie gewickelt 30 Minuten kalt stellen. Teig auf bemehlter Arbeitsfläche 3 mm dünn ausrollen. Aus dem Teig nacheinander 5 Platten von 12 x 5 cm bis 14 x 8 cm zuschneiden (weil die meisten Kastenformen konisch zulaufen, muss man Platten von zunehmender Größe verwenden). Dabei die Teigreste immer wieder zusammenkneten, erneut ausrollen und zuschneiden. Die Platten auf ein mit Backpapier belegtes Backblech setzen und im vorgeheizten Ofen auf der 2. Schiene von unten bei 180 Grad 15 Minuten backen (Gas 2–3, Umluft 12–15 Minuten bei 170 Grad). Aus dem Ofen nehmen und auf einem Kuchengitter abkühlen lassen, dann mit der Konfitüre bestreichen.

**2.** Kuvertüre hacken und im heißen Wasserbad schmelzen. Sahne mit Vanillemark aufkochen, mit der Kuvertüre verrühren und mit dem Rum würzen. Abkühlen lassen. Butter sehr cremig-weißlich rühren und mit der abgekühlten Schokoladencreme vermischen. 30 Minuten kalt stellen. Creme und Teigplatten abwechselnd in eine mit Klarsichtfolie ausgelegte Form (1 l Inhalt) schichten. Mit Folie verschließen und am besten über Nacht kalt stellen. Aus der Form lösen, Folie entfernen, Kalten Hund in dicke Scheiben schneiden.

**Zubereitungszeit** 1 Stunde (plus Kühlzeiten)
**Pro Portion** 5 g E, 34 g F, 36 g KH = 467 kcal (1956 kJ)

# Herrentorte

Halbbitter-Schokolade, kräftiger Obstbrand und herbes Quittenmark – eine echte Herrentorte. Aber Vorsicht, meine Herren: Glauben Sie nicht, Sie könnten alles alleine essen. Wenn die Frauen erst mal auf den Geschmack gekommen sind ...

***Für 12 Stücke:***

**1 Glas Quittenmark (680 ml)**
**330 g Zucker, 1 kleine Zimtstange**
**300 g Halbbitter-Kuvertüre**
**200 g Butter, 8 getrennte Eier (Kl. M)**
**Salz, 100 g Mehl, 1 Tl Backpulver**
**5 El Obstbrand, 100 g Quittengelee**
**200 ml Schlagsahne, 3 El Honig**

**1.** Quittenmark in einem Topf mit 100 g Zucker und Zimt bei kleiner Hitze unter Rühren 50 Minuten sehr dick einkochen lassen. Danach vollständig abkühlen lassen.

**2.** 150 g Kuvertüre grob hacken und zusammen mit 150 g Butter in einem Topf schmelzen. Eigelb und 50 g Zucker mit den Quirlen des Handrührers in 8–10 Minuten sehr dicklich-cremig aufschlagen, Kuvertüremischung unterheben. Eiweiß mit 1 Prise Salz steif schlagen, dabei 100 g Zucker einrieseln lassen. Weiterschlagen, bis ein cremiger Eischnee entsteht. Mehl mit Backpulver mischen und abwechselnd mit dem Eischnee unter die Kuvertürecreme heben. Eine Springform (26 cm Ø) mit Backpapier auslegen, Teig einfüllen und im vorgeheizten Ofen bei 170 Grad auf der 2. Schiene von unten 45 Minuten backen (Gas 1–2, Umluft 40 Minuten bei 160 Grad). In der Form auskühlen lassen. 80 ml Wasser mit 80 g Zucker aufkochen, den Sirup mit dem Obstbrand würzen, abkühlen lassen.

**3.** Den Boden aus der Form lösen und mit zwei waagerechten Schnitten in 3 gleich dicke Böden schneiden. Mit dem Sirup tränken. Einen Boden zurück in die Form legen, mit der Hälfte des Quittenpürees bestreichen. Den zweiten Boden darauf legen, leicht andrücken, mit dem restlichen Pürree bestreichen und mit dem letzten Boden bedecken. 2 Stunden kalt stellen. Torte aus der Form lösen, Quittengelee erwärmen und die Torte damit rundum einstreichen.

**4.** Restliche Kuvertüre hacken und schmelzen. Sahne mit Honig und restlicher Butter aufkochen, mit der Kuvertüre mischen und 30–40 Minuten kalt stellen, bis die Glasur cremig und zähfließend wird. Die Torte damit rundum bestreichen, 30 Minuten kalt stellen, mit Espressopulver bestäuben und servieren.

**Zubereitungszeit** 1:30 Stunden (plus Kühlzeiten)
**Pro Stück** 9 g E, 26 g F, 70 g KH = 559 kcal (2342 kJ)

# Brownies

Jeder Coffee-Shop in den USA rühmt seine „homemade Brownies", von den stolzen amerikanischen Hausfrauen gar nicht zu reden. Unsere ungemein saftige Version kann da leicht mithalten – Sie müssen sie nur ganz frisch servieren!

***Für 8 Stücke:***

**350 g Halbbitter-Kuvertüre**
**200 g Walnusskerne**
**6 Eier (Kl. M)**
**300 g Zucker**
**1 Pk. Vanillezucker**
**Salz, 250 ml Öl**
**150 g gesiebtes Mehl**
**20 g Kakaopulver**
**2 Tl Backpulver**
**5 El schwarzer Kaffee**
**4 El Kaffeesirup (z. B. Monin)**
**Puderzucker zum Bestreuen**

**1.** 100 g Kuvertüre mit den Nüssen grob hacken. Restliche Kuvertüre hacken und in einer Schüssel im Wasserbad schmelzen. Eier mit Zucker, Vanillezucker und 1 Prise Salz in einer Küchenmaschine 5 Minuten sehr schaumig rühren. Öl zugeben und kurz glatt rühren. Mehl, Kakao und Backpulver mischen und sorgfältig unter den Teig heben. Zuletzt die geschmolzene Kuvertüre und die Walnuss-Kuvertüre-Mischung unter den Teig heben.

**2.** Den Teig auf ein mit Backpapier belegtes tiefes Blech (30 x 20 cm) geben und glatt streichen. Im vorgeheizten Backofen bei 170 Grad auf der 2. Schiene von unten 30–35 Minuten backen (Gas 1–2, Umluft 20–25 Minuten bei 160 Grad).

**3.** Aus dem Ofen nehmen und leicht abkühlen lassen. Kaffee mit Kaffeesirup mischen und auf dem warmen Kuchen verteilen. Vollständig abkühlen lassen, in Stücke schneiden und mit Puderzucker bestreuen.

**Zubereitungszeit** 1 Stunde (plus Zeit zum Abkühlen)
**Pro Stück** 16 g E, 57 g F, 89 g KH = 932 kcal (3903 kJ)

# Brioche mit weißer Schoko-Creme

Ein Gedicht: zarte, weiße Schoko-Creme, durchsetzt mit bitter-herbem Kaffeesirup, auf frisches Brioche gestrichen! Und eine echte Überraschung für alle, die immer noch glauben, das Hefegebäck sei nur mit Gänseleber zu genießen.

***Für 12 Portionen:***

**350 g weiße Kuvertüre**
**250 ml Sahne, 200 ml Milch**
**40 g Zucker, 42 g frische Hefe**
**500 g gesiebtes Mehl**
**7 Eigelb (Kl. M), Salz, 3 El Rum**
**120 g zimmerwarme Butter**
**Butter und Semmelbrösel für die Kastenform**
**Mehl zum Arbeiten**
**2 El Sahne, 6 El Kaffeesirup (z. B. Monin)**

**1.** Für die Creme die Kuvertüre hacken und im heißen Wasserbad schmelzen. Sahne aufkochen und leicht abkühlen lassen. Mit der Kuvertüre verrühren und zugedeckt mindestens 8 Stunden, besser über Nacht, ruhen lassen.

**2.** Für den Teig die Milch mit dem Zucker erwärmen, Hefe darin auflösen. Hefemilch in einer Küchenmaschine mit Mehl, 6 Eigelb, 1 Prise Salz und Rum mischen und zu einem geschmeidigen Teig verkneten. Zuletzt die Butter zugeben und unterkneten. Den Teig 1 Stunde ruhen lassen. Kastenform (30 cm lang) mit etwas Butter einstreichen und mit Semmelbröseln ausstreuen. Den Teig auf gut bemehlter Arbeitsfläche zusammenkneten, aufrollen (Foto A und B) und in die Form legen (Foto C). Teig 30 Minuten gehen lassen. Restliches Eigelb und Sahne verrühren. Teigoberfläche längs leicht einritzen und mit der Eigelbmischung bestreichen. Im vorgeheizten Backofen auf der untersten Schiene bei 170 Grad 40–45 Minuten backen (Gas 1–2, Umluft nicht empfehlenswert). Aus dem Ofen nehmen, leicht abkühlen lassen, aus der Form stürzen und auf einem Gitter abkühlen lassen.

**3.** Schoko-Creme mit dem Handrührer auf mittlerer Stufe wie Sahne steif schlagen. Abwechselnd mit dem Kaffeesirup in ein Glas schichten. Mit dem Brioche servieren.

**Zubereitungszeit** 1:10 Stunden (plus Ruhe- und Kühlzeiten)
**Pro Portion** 10 g E, 31 g F, 56 g KH = 545 kcal (2283 kJ)

A

B

C

**In Form rollen**

**Den Teig von beiden Seiten zur Mitte einrollen, mit der glatten Seite nach oben in die Form legen. Bis leicht über den Rand gehen lassen.**

## Zucker spinnen

erfordert etwas Übung und Geduld. Man muss die richtige Temperatur abpassen: Der Karamell sollte noch so flüssig sein, dass Karamellfäden entstehen.
100 g Zucker in einem kleinen Topf hellbraun karamellisieren.
Den Topf sofort in kaltes Wasser stellen, damit das weitere Karamellisieren unterbrochen wird.
Mit einem Metalllöffel rühren, bis der Karamell beginnt, dicklich zu werden.
Wenn er zähflüssig am Löffel herunterläuft und feine Fäden entstehen, kann es losgehen: Die Fäden auf ein mit Backpapier belegtes Blech dünn und unregelmäßig auftragen, kalt und fest werden lassen.

# Ganache-Törtchen

Wer Pralinen mit Ganache-Füllung mag – einer Mischung aus Schokolade und Sahne, aromatisiert mit Orangenlikör –, kann hier garantiert nicht widerstehen. Die gesponnenen Zuckerfäden machen unsere Törtchen zu essbaren Kunstwerken.

***Für 4 Stück:***

**120 g gesiebtes Mehl**
**100 g Butter**
**50 g Puderzucker, Salz**
**1 Eigelb (Kl. M)**
**Fett und Mehl für die Förmchen**
**Mehl zum Bearbeiten**
**100 g weiße Kuvertüre**
**100 ml Schlagsahne**
**1 El Puderzucker**
**1–2 El Orangenlikör**
**(z. B. Grand Marnier oder Cointreau)**

**1.** Aus Mehl, 50 g Butter, Puderzucker, 1 Prise Salz, Eigelb und 1–2 El kaltem Wasser zügig einen geschmeidigen Teig kneten. Den Teig in Klarsichtfolie gewickelt 30 Minuten kalt stellen. 4 Förmchen (à 10 cm Ø) leicht einfetten und mit Mehl bestäuben. Den Teig auf bemehlter Arbeitsfläche 3 mm dünn ausrollen und 4 Kreise (12 cm Ø) ausstechen. Die Förmchen damit auslegen, den Boden mit einer Gabel mehrmals einstechen und den Rand leicht andrücken. Die Förmchen 30 Minuten kalt stellen. Im Ofen bei 180 Grad (Gas 2–3, Umluft 160 Grad) auf der 2. Schiene von unten 15–20 Minuten backen. Aus dem Ofen nehmen und abkühlen lassen.

**2.** Kuvertüre hacken und in einer Schüssel im heißen Wasserbad schmelzen. Sahne aufkochen und mit der Kuvertüre verrühren. Abkühlen lassen. Puderzucker mit der restlichen Butter schaumig rühren. Abgekühlte, aber noch flüssige Kuvertüre zugeben und glatt rühren. Die Ganache-Creme mit dem Orangenlikör würzen und in die Mürbeteigförmchen füllen. Mindestens 2–3 Stunden kalt stellen. Mit Zuckerfäden (siehe links) dekorieren.

**Zubereitungszeit** 50 Minuten (plus Kühlzeiten)
**Pro Stück** 6 g E, 39 g F, 51 g KH = 587 kcal (2459 kJ)

# Eiskalte Espresso-Torte

Espresso-Buttercreme und in Grappa marinierte Weintrauben sind das Geheimnis dieser opulenten Torte. Ob als Abschluss eines Menüs oder zum Nachmittagskaffee – sie vermittelt Ihnen das richtige italienische Lebensgefühl.

***Für 10 Stücke:***

**3 Eier (Kl. M), 180 g Zucker, 50 g gesiebtes Mehl**
**20 g gemahlene Mandelkerne**
**80 ml starker Espresso, 7 El Grappa**
**150 g blaue Trauben, 150 ml Traubensaft**
**70 g Halbbitter-Kuvertüre**
**150 g Butter, 50 g Puderzucker**
**2 Tl Instant-Espressopulver, 3 Eiweiß (Kl. M)**

**1.** Eier und 60 g Zucker in einer Küchenmaschine 10 Minuten cremig-dicklich aufschlagen. Mehl und Mandeln unterheben. Den Boden einer Springform (18 cm Ø) mit Backpapier auslegen. Den Teig einfüllen und im vorgeheizten Ofen bei 170 Grad 35–40 Minuten backen (Gas 1–2, Umluft 30–35 Minuten bei 160 Grad). Aus dem Ofen nehmen und in der Form abkühlen lassen. Espresso mit 4 El Grappa mischen. Boden aus der Form lösen und mit dem Sägemesser waagerecht in 4 gleich dicke Scheiben schneiden. Mit dem Espresso tränken. Einen Boden wieder in die Form legen.

**2.** Trauben waschen und abtropfen lassen. 20 g Zucker in einem Topf karamellisieren, mit Traubensaft ablöschen, sirupartig einkochen lassen, mit restlichem Grappa würzen. Trauben darin marinieren.

**3.** Kuvertüre fein raspeln. Butter mit Puderzucker in 10 Minuten sehr schaumig rühren. Die Hälfte der Kuvertüre und Espressopulver unterheben.
120 ml Wasser mit dem restlichen Zucker sirupartig einkochen. Eiweiß in einer Küchenmaschine steif schlagen. Vorsichtig den heißen Sirup in einem dünnen Strahl zugießen. Die Masse 15 Minuten kaltschlagen und unter die Buttercreme heben. $^2/_3$ der Creme und die Böden abwechselnd in die Form schichten (siehe rechts). Mit einem Boden als Deckel abschließen. Torte mindestens 1 Stunde kalt stellen. Aus der Form nehmen, Folie entfernen und die Torte mit der restlichen Creme rundum bestreichen. 10 Trauben auf der Torte verteilen, 1 Stunde in den Gefrierschrank stellen. Mit der restlichen Kuvertüre bestreuen, in Stücke schneiden und mit den restlichen Grappa-Trauben servieren.

**Zubereitungszeit** 1:20 Stunden (plus Kühlzeiten)
**Pro Stück** 5 g E, 16 g F, 36 g KH = 327 kcal (1370 kJ)

**So wird hoch gestapelt**
Mit Teig und Füllung ragt die Torte auf jeden Fall weit über den Formrand hinaus. Damit sie dennoch in Form bleibt, legen Sie einfach stabile Plastikfolie zwischen Kuchen und Formrand. Jetzt können Sie nach Belieben hoch stapeln – Hauptsache, im Gefrierschrank ist genug Platz.

# KONFEKT

**Bei vielen bahnbrechenden Erfindungen der Menschheit kann man nicht mehr ermitteln, wie sie wirklich zu Stande kamen: Die Legenden, die sich entwickeln, sind oft einfach schöner als die nüchterne Wahrheit. So ist es wohl auch hier: Angeblich war dem Küchenjungen eines gewissen Marschalls Praslin eine Mandel in die Zuckermasse gefallen. Das Ergebnis: die Praline. Wahr oder unwahr? Das weiß keiner. Wo die Ideen für unser traumhaftes Konfekt herstammen, lässt sich dafür aber sehr genau feststellen: Direkt aus der Versuchsküche von »essen & trinken«.**

# Schoko-Salami

Da sind selbst eingefleischte Wurstliebhaber überrascht: sieht aus wie eine echte italienische Salami, riecht aber verführerisch süß und fruchtig. Und schmeckt sogar noch besser als das Original. Ideal für heimliche Naschkatzen.

***Für 1 Rolle à ca. 600 g:***

**60 g Rosinen**
**8 El brauner Rum**
**150 g getrocknete Aprikosen**
**80 g getrocknete Feigen**
**80 g Marzipanrohmasse**
**60 g weiße Kuvertüre**
**30 g Amarettini (ital. Mandelkekse)**
**60 g Butterkekse**
**120 g Vollmilch-Kuvertüre**
**30 ml Schlagsahne**
**20 g Butter**
**Puderzucker zum Wälzen**

**1.** Rosinen in 5 El Rum einweichen. Aprikosen, Feigen, Marzipan und weiße Kuvertüre in $1/2$ cm große Stücke schneiden. Amarettini leicht zerbröseln. Butterkekse zerbrechen.

**2.** Vollmilch-Kuvertüre hacken und in einer runden Schüssel im heißen Wasserbad schmelzen. Sahne mit Butter aufkochen. Mit der Kuvertüre verrühren und mit dem restlichen Rum würzen.

**3.** Alle Zutaten in einer Schüssel miteinander vermischen. 20 Minuten kalt stellen. Die Masse wie eine dicke Wurst (30 cm lang und 4 cm dick) auf Backpapier legen, dabei gut zusammenpressen. Mit Hilfe des Papiers wie eine Wurst einrollen. Mindestens 5 Stunden, besser über Nacht, kalt stellen. Die Schoko-Salami aus dem Papier wickeln, in Puderzucker wälzen und in Scheiben schneiden.

**Zubereitungszeit** 50 Minuten (plus Kühlzeit)
**Pro 100 Gramm** 7 g E, 24 g F, 57 g KH = 508 kcal (2124 kJ)

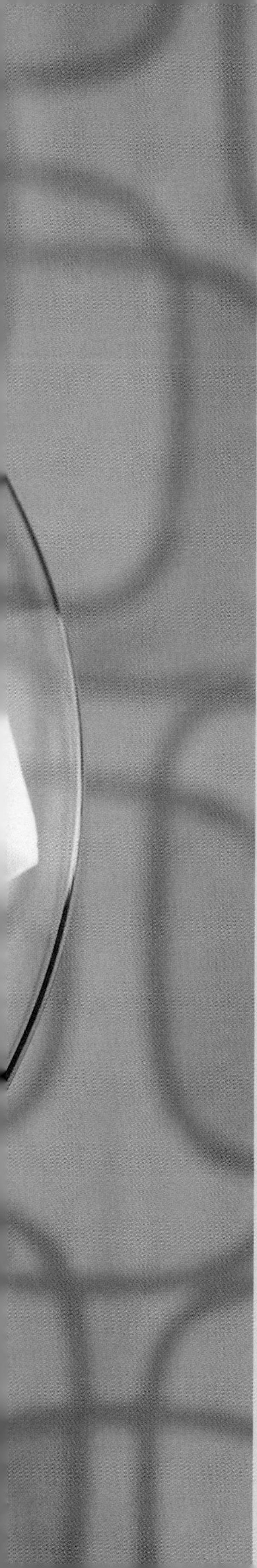

# Espresso-Gelee

Ein verblüffender Auftritt: schwarzer Wackelpudding in zweifarbigen, glänzenden Würfeln, mit kräftigem, bitterem Kaffeegeschmack. Und selten wird man irgendwo das Schaumhäubchen auf dem Espresso in so exakter Form gesehen haben.

***Für 30–35 Würfel:***

**10 Blatt weiße Gelatine**
**5 El Instant-Espressopulver**
**4–5 El Zucker**
**150 ml Schlagsahne**
**100 ml Baileys**

**1.** 7 Blatt Gelatine in kaltem Wasser einweichen. ½ l Wasser aufkochen, Espressopulver und Zucker darin unter Rühren auflösen. Gelatine ausdrücken und darin auflösen. Leicht abkühlen lassen. Eine kleine Auflaufform (25 x 15 cm) mit Klarsichtfolie auslegen und den Espresso hineinfüllen. Ca. 2 Stunden kalt stellen, bis die Flüssigkeit knapp geliert ist.

**2.** Restliche Gelatine in kaltem Wasser einweichen. Sahne erwärmen und die Gelatine darin auflösen. Mit dem Baileys vermischen und abkühlen, aber nicht gelieren lassen. Auf das Espresso-Gelee gießen und mindestens 6 Stunden kalt stellen. Mit Hilfe der Folie aus der Form nehmen und mit einem lauwarmen, dünnen Messer in 2½ cm große Würfel schneiden.

**Zubereitungszeit** 40 Minuten (plus Kühlzeiten)
**Pro Würfel (bei 35 Würfeln)** 0 g E, 1 g F, 3 g KH = 32 kcal (133 kJ)

**Schoko-Täfelchen** selbst machen: 250 g Halbbitter-Kuvertüre hacken und in einem runden Schlagkessel im heißen Wasserbad schmelzen. Die Kuvertüre dünn auf Folie oder Backpapier streichen (45 x 40 cm) und kalt stellen, damit sie fest wird. Mit einem Messer in Quadrate (4 cm Kantenlänge) schneiden und nochmals kalt stellen.

# Orangen-Trüffel

In der Kindheit gab es zu ganz besonderen Anlässen vielleicht mal eins oder zwei der feinen Schokoladen-Täfelchen. Wir zeigen Ihnen, wie man sie selbst macht: in doppelter Luxus-Variante mit Orangen-Sahnecreme und Ingwer.

***Für ca. 30 Stück:***

**½ unbehandelte Orange**
**80 ml Schlagsahne**
**120 g Halbbitter-Kuvertüre**
**100 g Zimt-Koriander-Kuvertüre (z. B. Lindt)**
**2–3 El Orangenlikör**
**(z. B. Cointreau oder Grand Marnier)**
**120 g zimmerwarme Butter**
**20 g Puderzucker**
**20 g kandierter Ingwer**
**60 dünne Schokoladen-Täfelchen**
**(Rezept links; ersatzweise**
**fertige Schoko-Täfelchen)**

**1.** Eine halbe Orange sehr dünn schälen, Schale mit der Sahne aufkochen. 15 Minuten ziehen lassen, dann Orangenschale entfernen. Beide Kuvertüre-Sorten hacken und in einem runden Schlagkessel im heißen Wasserbad schmelzen. Kuvertüre mit der Sahne verrühren und mit dem Orangenlikör würzen. Abkühlen, aber nicht fest werden lassen.

**2.** Butter und Puderzucker mit den Quirlen des elektrischen Handrührers sehr schaumig rühren und mit der Kuvertüre-Sahne-Creme vermischen. 30 Minuten kalt stellen. Ingwer in 30 kleine Stücke schneiden. Die Creme in einen Spritzbeutel mit mittlerer Lochtülle füllen. ¾ der Creme auf 30 Schoko-Täfelchen (4 x 4 cm) spritzen und mit den restlichen Täfelchen bedecken. Restliche Creme in kleinen Tupfen auf die Schoko-Täfelchen spritzen. Mit je 1 Stück Ingwer belegen und mindestens 1–2 Stunden kalt stellen.

**Zubereitungszeit** 1 Stunde (plus Kühlzeiten)
**Pro Stück** 1 g E, 6 g F, 6 g KH = 83 kcal (347 kJ)

**Die fertigen, durchgekühlten Pralinen in eine Arbeitsschale oder Blechdose legen. Kühl gelagert halten sie sich ca. 1 Woche.**

# Krokant-Schokolade

Ein wahrer Zauberberg aus Nuss- und Mandelkernen, Pistazien, Pinienkernen und herrlicher Halbbitter-Schokolade. So kommt zum Vergnügen am zarten Schmelz auch noch die unverfälschte Freude am Knuspern.

***Für 6–8 Portionen:***

**100 g Zucker**
**80 g Mandelkerne**
**50 g Pistazienkerne**
**80 g Haselnusskerne**
**30 g Pinienkerne**
**40 g Walnusskerne**
**40 g Kürbiskerne**
**500 g Halbbitter-Kuvertüre**

**1.** Zucker in einem flachen, breiten Topf hellbraun karamellisieren. Kerne zugeben, alles zügig mit einem Holzkochlöffel vermischen. Sofort auf Backpapier gießen und vollkommen abkühlen und fest werden lassen.

**2.** Kuvertüre hacken und in einem runden Schlagkessel im heißen Wasserbad schmelzen, leicht abkühlen lassen. Ein Backblech mit Backpapier belegen und einen Springformrand darauf stellen. Nüsse und Kerne darin verteilen. Kuvertüre darauf gießen und alles mit einem Löffel mischen. Mindestens 2 Stunden kalt stellen. Aus der Springform lösen, Backpapier entfernen und in Stücke brechen.

**Zubereitungszeit** 40 Minuten (plus Kühlzeiten)
**Pro Portion (bei 8 Portionen)** 13 g E, 29 g F, 56 g KH = 537 kcal (2247 kJ)

**Der Formrand ist wichtig –** damit die flüssige Schokolade nicht wegläuft. Es eignen sich natürlich auch alle anderen Formen, wie z. B. eine Auflaufform. Unbedingt mit Backpapier auslegen: So lässt sich die Schokolade später einfach herauslösen.

**Die Trüffeln unbedingt** einzeln rollen und dann sofort im Espressopulver, im Kakaopulver und im Puderzucker wälzen: Pulver und Zucker bleiben nur haften, wenn die Trüffelmasse zwischen den Händen warm wird.

# Kaffee-Trüffel

Jetzt geht es rund: eine ganze Pyramide unwiderstehlicher Trüffeln. Kugel für Kugel werden sie aus Sahne, Butter, Espressopulver und Schokolade geformt, zum Schluss in Espresso, Kakao und Zucker gewälzt. Wirklich allererste Sahne!

***Für 40 Stück:***

**250 g Halbbitter-Kuvertüre**
**200 g Vollmilch-Kuvertüre**
**200 ml Schlagsahne**
**100 g zimmerwarme Butter**
**12 Tl Instant-Espressopulver**
**4 El Kakaopulver**
**4 El Puderzucker**

**1.** Beide Kuvertüre-Sorten hacken und in einem runden Schlagkessel schmelzen. Sahne aufkochen und damit verrühren. Abkühlen lassen. Butter mit 4 Tl Espressopulver mit den Quirlen des Handrührers sehr schaumig rühren und mit der Kuvertüre-Creme vermischen. 1 Stunde abgedeckt kalt stellen. Mit einem Teelöffel aus der Masse 40 kleine, walnussgroße Portionen formen und 30 Minuten kalt stellen. Mit den Händen zu Kugeln formen.

**2.** Die Kugeln nacheinander (siehe links) erst im Espressopulver, dann im Kakaopulver und zuletzt im Puderzucker wälzen. Mindestens 30 Minuten kalt stellen.

**Zubereitungszeit** 50 Minuten (plus Kühlzeiten)
**Pro Stück** 1 g E, 6 g F, 8 g KH = 92 kcal (385 kJ)

# Pralinen-Tütchen

Edles in edler Verpackung: In goldenen Tütchen stilvoll serviert, schmeckt die Creme aus Schokolade, Kaffee und Likör gleich noch mal so gut – das Auge isst ja schließlich mit. Damit macht Ihre Kaffeetafel garantiert Eindruck.

***Für 30–40 Tütchen:***

**300 g weiße Kuvertüre**
**150 ml Schlagsahne**
**2 El Espressobohnen (ersatzweise Kaffeebohnen)**
**3 El Baileys**
**70 g zimmerwarme Butter**
**1 Tl Zimtpulver**

**1.** Kuvertüre hacken und in einem runden Schlagkessel im heißen Wasserbad schmelzen. Sahne mit den Espressobohnen aufkochen und 15 Minuten ziehen lassen. Sahne durch ein Sieb zur Kuvertüre gießen, gut verrühren und mit dem Baileys würzen. Abkühlen lassen, aber nicht fest werden lassen. Butter und die Hälfte des Zimtpulvers mit den Quirlen des elektrischen Handrührers sehr cremig rühren. Die Kuvertüre-Sahne zügig unterrühren. Die Creme ca. 30 Minuten kalt stellen (sie darf nicht zu fest werden, sondern muss spritzfähig bleiben).

**2.** Die Creme in einen Spritzbeutel mit mittelgroßer Sterntülle füllen und in Stannioltütchen oder Stanniolkapseln spritzen. Die Tütchen in die Löcher eines Kartons oder einer Styroporplatte stecken (siehe rechts). Mit restlichem Zimtpulver bestreuen und mindestens 1–2 Stunden kalt stellen.

**Zubereitungszeit** 1 Stunde (plus Kühlzeiten)
**Pro Tütchen (bei 40 Tütchen)** 0 g E, 5 g F, 4 g KH = 69 kcal (288 kJ)

**Zur Aufbewahrung die durchgekühlten Tütchen nebeneinander in eine Arbeitsschale oder Metalldose legen. Abgedeckt und kühl aufbewahrt halten sich die Pralinen etwa 1 Woche.**

**Der Trick zum Füllen**

**Einfach mit einem Nagel oder einem Messer Löcher in einen Karton oder eine Styroporplatte stechen und die Tütchen hineinstellen. So können sie beim Füllen nicht umfallen. Unser Serviervorschlag: die Tütchen dekorativ in die Zuckerdose stellen.**

VALRHONA

# PIKANT

Zugegeben: Mancher wird es schon ein wenig ungewöhnlich finden, pikante Gerichte ausgerechnet mit Schokolade zu kombinieren. Aber Gegensätze machen ja gerade den besonderen Reiz aus, wecken die Lust auf ungewöhnliche Geschmackserlebnisse. Und da können wir Ihnen einiges bieten: knackige Garnelen mit Schoko-Dip zum Beispiel oder Mole, die traditionelle mexikanische Chili-Schokoladen-Sauce zu Hähnchenkeulen. Wir trauen uns aber auch an so urdeutsche Klassiker wie Rouladen oder Rehrücken – und sogar an den Sauerbraten!

**Wan-Tan**
sind Teigblätter, die man in der asiatischen Küche füllt. Sie werden gedämpft, gekocht oder frittiert. Frittiert und ohne Füllung sind sie der ideale Brotersatz – und sehen knusprig aus. Beim Frittieren darauf achten, dass nicht mehr als jeweils 2–3 Teigblätter zusammen ausgebacken werden, sonst kleben sie aneinander. Sie brauchen im 170 Grad heißen Öl 15–20 Sekunden pro Seite. Mit einer Schaumkelle herausnehmen, auf Küchenpapier abtropfen lassen und leicht salzen.

# Garnelen mit Schoko-Dip

Eine mutige Kombination, dieses Zusammentreffen von Asien und Südamerika: knusprig die Garnelen und die frittierten Wan-Tan-Blätter, schmelzend der außergewöhnliche Dip aus Schokolade, Chili und Ingwer – und sensationell gut!

***Für 2 Portionen:***

**10 g frische Ingwerwurzel**
**20 g Schalotten**
**2 geschälte Knoblauchzehen**
**1 rote Chilischote, 4 El Öl**
**50 ml Wermut**
**200 ml Gemüsefond**
**1 Tl Speisestärke**
**20 g gehackte Halbbitter-Kuvertüre**
**2 Tl gerösteter Sesam**
**Muskat, Salz, Pfeffer**
**8 Garnelen (à 25 g, roh, ohne Kopf, mit Schale)**
**1 kleines Bund Frühlingszwiebeln**
**1 El frisch gehacktes Koriandergrün**

**1.** Ingwer, Schalotten, 1 Knoblauchzehe fein schneiden, Chili längs halbieren, fein würfeln. In 2 El Öl bei mittlerer Hitze anschwitzen. Mit Wermut ablöschen und mit Gemüsefond auffüllen und auf die Hälfte einkochen lassen. Den Dip mit der in wenig kaltem Wasser gelösten Stärke binden. Zuletzt die gehackte Kuvertüre einrühren und schmelzen lassen. Sesam zugeben und mit Muskat, Salz und Pfeffer abschmecken und abkühlen lassen.

**2.** Garnelen putzen, bis auf die hintere Schwanzflosse schälen, längs am Rücken einritzen und entdarmen. Frühlingszwiebeln putzen, das Dunkelgrüne entfernen. Restliches Öl in einer Pfanne erhitzen. Die restliche Knoblauchzehe darin anbraten. Garnelen zugeben und bei starker Hitze 6–8 Minuten braten. Nach der Hälfte der Zeit die Frühlingszwiebeln zugeben. Frühlingszwiebeln auf einer Platte anrichten. Garnelen mit Salz und Pfeffer würzen und mit dem Koriander bestreuen. Mit dem Schoko-Ingwer-Dip servieren. Dazu passen frittierte Wan-Tan-Blätter (siehe links) oder Fladenbrot.

**Zubereitungszeit** 45 Minuten
**Pro Portion** 24 g E, 26 g F, 18 g KH = 404 kcal (1686 kJ)

# Hähnchenkeulen in Mole

Alte Tradition in Mexiko: Mole – eine äußerst schmackhafte Sauce aus kräftigen Gewürzen, scharfem Chili und bitterer Schokolade – wird dort zu Huhn oder Truthahn gereicht. Auch Sie werden Hähnchen nicht mehr anders essen wollen!

***Für 4 Portionen:***

**1 kleine Zimtstange, 2 Sternanis**
**6 Pimentkörner, 5 Kardamomkapseln**
**1 kleine getrocknete Chilischote**
**2 Tl Sesamsaat, 1 Tl Koriandersaat**
**4 Hähnchenkeulen (à 250 g)**
**7 El Öl, Salz**
**1 rote Paprikaschote (250 g)**
**200 g rote Zwiebeln**
**6 Knoblauchzehen**
**300 ml Geflügelfond (bei Umluft 150 ml mehr)**
**400 g Porreestange, Muskatnuss**
**100 g Mole (Fertigpaste aus Gewürzen und Kakao; ersatzweise 50 g fein geraspelte Halbbitter-Kuvertüre und ½ Tl Chilipulver)**

**1.** Alle Gewürze 30 Sekunden in einer Pfanne ohne Öl rösten, abkühlen lassen und in einem Mörser fein zerstoßen. Hähnchenkeulen im Gelenk halbieren, mit 2 El Öl rundum bestreichen, salzen und mit der Gewürzmischung einreiben (siehe rechts).

**2.** Paprika putzen, vierteln, entkernen und in grobe Stücke schneiden. Zwiebeln vierteln. Knoblauch leicht andrücken. Hähnchen in einem Bräter in 3 El Öl anbraten. Paprika, Zwiebeln und Knoblauch zugeben und kurz mitrösten. Mit Geflügelfond angießen und im vorgeheizten Ofen bei 180 Grad auf der 2. Schiene von unten 40 Minuten offen garen (Gas 2–3, Umluft 30–40 Minuten bei 170 Grad).

**3.** Inzwischen Porree putzen, waschen und in 5 cm große Stücke schneiden. In kochendem Salzwasser 6–8 Minuten vorgaren, abschrecken und abtropfen lassen. Porree gut trockentupfen. Im restlichen Öl in einer Pfanne von allen Seiten 3–4 Minuten braten, mit Salz und Muskat würzen. Den Bräter aus dem Ofen nehmen, Hähnchensud etwas entfetten und die Mole einrühren. Poree zugeben und auf der Herdplatte 1–2 Minuten köcheln lassen. Dazu passen Tortillas (weiche Teigfladen).

**Zubereitungszeit** 1 Stunde
**Pro Portion** 37 g E, 40 g F, 15 g KH = 569 kcal (2380 kJ)

**Die Gewürze** im Mörser fein zerstoßen. Das Fleisch erst mit Öl einstreichen, dann die Gewürze darauf streuen und mit den Händen fest einreiben. Nur so haften die Gewürze am Fleisch und fallen beim Anbraten nicht sofort wieder ab.

# Kalbsrouladen mit Schokoladen-Sauce

Rouladen haben in Deutschland oder Italien Tradition, Couscous stammt aus Nordafrika. Dazu eine Sauce mit italienischem Dessertwein und Schokolade – moderne Fusion-Küche vom Feinsten.

***Für 4 Portionen:***

**2 Stiele Thymian, 2 Knoblauchzehen**
**20 g Pinienkerne, 8 Stiele Petersilie**
**½ entkernte rote Chilischote**
**1 Tl fein abgeriebene Zitronenschale (unbehandelt)**
**8 dünne Kalbsrückensteaks (à 70–80 g)**
**Pfeffer, 100 g Möhren, Salz**
**150 g Couscous**
**2 El Öl, 150 ml Marsala (ital. Dessertwein)**
**200 ml Gemüsefond, 1 Tl Speisestärke**
**20 g fein geraspelte Halbbitter-Kuvertüre**
**20 g Butter**

**1.** Thymian, Knoblauch, die Hälfte der Pinienkerne, 4 Stiele Petersilie und Chilischote zusammen grob hacken. Mit der Zitronenschale mischen. Kalbfleisch, falls notwendig, zwischen Klarsichtfolie dünn plattieren (mit einem Topf). Fleisch mit Pfeffer würzen und mit der Kräutermischung bestreichen, aufrollen und zusammenstecken (siehe links).

**2.** Möhren putzen und schälen. Mit einem Sparschäler längs in dünne Scheiben schneiden, in kochendem Salzwasser 1 Minute blanchieren, abschrecken und abtropfen lassen. Restliche Petersilienblätter fein hacken. Couscous nach Packungsanweisung in kochendes Salzwasser einrühren und Möhren zugeben. Von der Herdplatte nehmen und im geschlossenen Topf 15 Minuten quellen lassen.

**3.** Rouladen in einer Pfanne in Öl bei starker Hitze rundum anbraten. Mit Marsala ablöschen, einkochen lassen und mit Gemüsefond aufgießen. Sauce um ⅓ einkochen lassen. Mit der in wenig Wasser gelösten Stärke leicht binden. Kuvertüre einrühren, Hitze reduzieren und alles noch 2–3 Minuten ziehen lassen. Butter in das Couscous geben und mit einer Gabel unterrühren. Rouladen mit Möhren-Couscous auf Tellern anrichten, mit der restlichen Petersilie und den restlichen Pinienkernen bestreuen und mit der Sauce servieren.

**Zubereitungszeit** 1 Stunde
**Pro Portion** 34 g E, 16 g F, 34 g KH = 429 kcal (1794 kJ)

### Drei Schritte zur Roulade

**Erst die Füllung auf dem Fleisch verteilen. Die Längsseiten einklappen – das verhindert, dass ein Teil der Füllung beim Braten herausfällt. Dann die Fleischscheiben aufrollen und mit Holzspießen (z. B. Zahnstochern) zusammenstecken.**

# Sauerbraten

Ein absoluter Klassiker der deutschen Küche. Wir legen ihn zwar durchaus traditionell ein, servieren ihn aber ganz anders: mit einer schokoladigen Sauce! Lassen Sie sich von dem verblüffenden Geschmackserlebnis überraschen.

***Für 4–6 Portionen:***

**800 g Rinderfilet (aus dem Mittelstück)**
**Pfeffer, 5 El Öl**
**1 Bund Suppengrün (geputzt, gewaschen, grob gewürfelt)**
**2 Zwiebeln (geviertelt), 4 Knoblauchzehen (grob zerdrückt)**
**30 g frische Ingwerwurzel (in Scheiben)**
**5 Lorbeerblätter**
**4 Stiele Thymian, 1 El Pfefferkörner**
**700 ml trockener Rotwein , 800 ml Rinderfond**
**4 El Rotweinessig, 2 Tl Zucker, Salz**
**50 g Rosinen, 40 g Halbbitter-Kuvertüre**
**2–3 El Aceto balsamico**

**1.** Rinderfilet mit Pfeffer würzen und in einer Pfanne in 2 El Öl rundum scharf anbraten, aus der Pfanne nehmen. Suppengrün, Zwiebeln, Knoblauch, Ingwer und Gewürze in der gleichen Pfanne scharf anbraten und mit Rotwein ablöschen. Rinderfond, Rotweinessig und Zucker zugeben. Das Fleisch in die lauwarme Marinade legen, abdecken und über Nacht darin marinieren.

**2.** Fleisch aus der Marinade nehmen, gut trockentupfen. Marinade durch ein Sieb in einen anderen Topf gießen. Gemüse gut abtropfen lassen. Fleisch salzen, mit $^1/_3$ der Kräuter, Gemüse und Gewürze in Alufolie auf ein Backblech legen (Foto B). Restliches Gemüse, restliche Kräuter und Gewürze in einer Pfanne im restlichen Öl nochmals scharf anbraten. Mit 1,2 l Marinade ablöschen und bei starker Hitze auf die Hälfte einkochen lassen. Durch ein feines Sieb in einen anderen Topf gießen, Rosinen zugeben und die Sauce nochmals auf die Hälfte einkochen lassen.

**3.** Inzwischen das Fleisch im vorgeheizten Backofen bei 180 Grad auf der 2. Schiene von unten 25–30 Minuten garen (Gas 2–3, Umluft 20–25 Minuten bei 170 Grad). Aus dem Ofen nehmen und mit Folie bedeckt 10 Minuten ruhen lassen. Fein geraspelte Kuvertüre in die Sauce einrühren, mit Salz und Balsamico abschmecken. Fleisch in Scheiben schneiden und mit der Sauce servieren. Dazu passen Stampfkartoffeln und italienische Senffrüchte.

**Zubereitungszeit** 1:20 Stunden (plus Zeit zum Marinieren)
**Pro Portion (bei 6 Portionen)** 31 g E, 14 g F, 14 g KH = 328 kcal (1377 kJ)

A

B

**Senffrüchte**

(Foto A) sind kandierte Früchte (Aprikosen, Birnen, Kirschen usw.), die in einem pikanten Senfsirup eingelegt sind.
Sie werden normalerweise zu Bollito misto (verschiedenerlei gekochtes Fleisch) serviert.
Im Alupaket gart das Fleisch (Foto B) besonders schonend und nimmt dazu noch intensiv die Aromen der beigefügten Kräuter an.

# Rehrücken mit Schoko-Kruste

Rotwein, Rehrücken und Risotto gehen in diesem Gericht eine perfekte Verbindung ein. Besonderen Pfiff bekommt das Ganze durch die fein gewürzte Kruste aus Butter und Schokolade.

***Für 4 Portionen:***

**80 g zimmerwarme Butter, Salz**
**2 Eigelb (Kl. M), 1 Tl gehackter Thymian**
**100 g gehackte Mandelkerne, 2 El gehackte Petersilie, 1 Tl Honig**
**2 El Semmelbrösel, 30 g fein gehackte Halbbitter-Kuvertüre**
**4 Rehrückenfilets (à 150 g), Pfeffer, 2 El Öl**
**3 Knoblauchzehen, 4 Zweige Rosmarin**
**250 g Röstgemüse (Sellerie, Möhren, Zwiebeln), 1 Tl Tomatenmark**
**150 ml Rotwein, 400 ml Wildfond, 1 Tl Speisestärke**

1. Für die Kruste Butter und Salz mit den Quirlen des elektrischen Handrührers sehr schaumig rühren. Eigelb unterrühren, dann Thymian, Mandeln, Petersilie, Honig, Semmelbrösel und Kuvertüre unterheben. Die Buttermischung 3–4 mm dünn zwischen Klarsichtfolie streichen und auf einem Tablett kalt stellen (Foto A).

2. Fleisch rundum mit Pfeffer und Salz würzen. In einer Pfanne in Öl mit Knoblauch und 2 Rosmarinzweigen von allen Seiten anbraten. Aus der Pfanne nehmen und auf ein Backblech legen. In der Pfanne das Gemüse mit dem restlichen Rosmarin rösten. Tomatenmark einrühren, mit Rotwein ablöschen und einkochen lassen. Mit Wildfond und 100 ml Wasser auffüllen und um ²⁄₃ einkochen lassen. Fond durch ein Sieb gießen, erneut aufkochen und mit der Stärke binden. Fleisch im vorgeheizten Backofen bei 180 Grad auf der 2. Schiene von unten 15–20 Minuten garen (Gas 2–3, Umluft 15 Minuten bei 170 Grad). Aus dem Ofen nehmen und 10 Minuten ruhen lassen. Fleisch mit der Kruste belegen (Foto B) und unter dem heißen Backofengrill auf der 2. Schiene von unten 3–4 Minuten grillen. In Scheiben schneiden. Sauce erwärmen und dazu servieren. Dazu passt Rotwein-Risotto.

**Zubereitungszeit** 1 Stunde
**Pro Portion** 45 g E, 39 g F, 46 g KH= 720 kcal (3013 kJ)

**Rotwein-Risotto: 1 El Zucker karamellisieren, mit 500 ml Rotwein ablöschen und mit einem Lorbeerblatt auf 80 ml einkochen lassen.**
**1 El geschnittene Schalotten in 1 El Butter anschwitzen, 200 g Risotto-Reis zugeben, 600 ml heiße Gemüsebrühe nach und nach angießen.**
**Den Risotto 20–25 Minuten offen unter Rühren garen. Mit Salz und Muskatnuss würzen. Zuletzt den Rotwein mit 1 Tl Butter einrühren.**

### Der Trick mit der Kruste

Die Butter zwischen Folie streichen, flach drücken und kalt stellen.
Folie entfernen und die Kruste in passende Stücke schneiden (Foto A).
Fleisch ruhen lassen, Krustenstücke auf das lauwarme Fleisch legen. Fleisch auf einem Backofengitter (Foto B) unter dem Grill kurz gratinieren.

## Mango-Smoothie

***Für 2 Gläser:*** 1 reife Mango (ca. 350 g) schälen, Fruchtfleisch vom Stein schneiden. Mit 100 ml Orangensaft und 6 El zerstoßenem Eis in einem Mixer fein mixen. In 2 Gläser füllen und je 2 El Kaffeesirup (z. B. Monin) einfließen lassen. Mit Limettensaft abschmecken.

**Zubereitungszeit** 15 Minuten
**Pro Glas** 1 g E, 1 g F, 28 g KH = 130 kcal (539 kJ)

## Kaffee-Caipirinha

***Für 4 Gläser:*** 4 unbehandelte Limetten in Stücke schneiden. In einem Gefäß mit 4 Tl braunem Zucker zerstoßen. In 4 Gläser füllen und mit je 100 g zerstoßenem Eis auffüllen. Mit je 8 cl Cachaça auffüllen, je 1 El Kaffeesirup einträufeln.

**Zubereitungszeit** 10 Minuten
**Pro Glas** 0 g E, 1 g F, 20 g KH = 280 kcal (1175 kJ)

# DRINKS

**Der Aztekenherrscher Montezuma hat dem Vernehmen nach vor jedem Besuch seines gut besetzten Harems Kakao getrunken, der mit Chili gewürzt war. Für ähnliche Zwecke setzte die berühmte Madame de Pompadour gesüßte heiße Schokolade ein. Dieses Wundermittel haben wir natürlich auch im Angebot – und dazu noch ein paar ganz raffinierte Versionen beliebter Drinks, mal mit, mal ohne Alkohol. Dass sie verführerisch gut schmecken, können wir jederzeit garantieren. Ob sie auch wirken, müssen Sie schon selbst ausprobieren …**

## Hot Russian

***Für 6 Gläser:***

**18 cl Kahlúa (Kaffeelikör)**
**6 cl Wodka**
**600 ml starker heißer Kaffee**
**300 ml Milch**
**Zimtpulver und zerstoßene Kaffeebohnen zum Bestreuen**

Je 3 cl Kahlúa und 1 cl Wodka in 6 Gläser à 250 ml Inhalt füllen. Mit heißem Kaffee auffüllen. Milch erwärmen und mit dem Milchschäumer oder einem Schneebesen aufschäumen. Auf dem Kaffee verteilen und mit Zimtpulver und zerstoßenen Kaffeebohnen bestreuen.

**Zubereitungszeit** 25 Minuten
**Pro Glas** 2 g E, 2 g F, 12 g KH = 140 kcal (588 kJ)

## Kaffee & Schokolade

***Für 4 Tassen:***

**500 ml Milch, 1 Vanilleschote**
**3 Streifen dünn abgeschälte Orangenschale (unbehandelt)**
**50 g Halbbitter-Kuvertüre**
**1 doppelter Espresso, 4 El Baileys**

Milch mit Mark und Schote der Vanilleschote und der Orangenschale aufkochen. Kuvertüre hacken und darin auflösen. Espresso zugeben und mit Baileys würzen. Durch ein Sieb passieren und heiß servieren.

**Zubereitungszeit** 15 Minuten
**Pro Tasse** 5 g E, 6 g F, 17 g KH = 158 kcal (662 kJ)

# Heiße Schokolade

***Für 4 Tassen:***

**600 ml Milch, 2 Zimtstangen**
**1 rote Chilischote, 40 g Kakaopulver**
**70 g Zucker**
**80 g Halbbitter-Kuvertüre**
**2 El Amaretto**

Milch mit Zimt aufkochen. Chilischote längs halbieren und entkernen. Kakao mit 100 ml Milch und dem Zucker glatt rühren, mit Chili in die Milch einrühren. Kuvertüre hacken, zugeben und darin schmelzen. Schokolade erhitzen und mit dem Mandellikör abschmecken. Durch ein Sieb passieren.

**Zubereitungszeit** 20 Minuten
**Pro Tasse** 9 g E, 8 g F, 40 g KH = 287 kcal (1204 kJ)

# Orientalischer Mokka

***Für 4 Gläser:***

**2–3 Tl Kaffeepulver**
**2 Kardamomkapseln**
**1 kleine Zimtstange**
**2 Nelken**
**4 Würfel brauner Zucker**

Kaffeepulver mit 200 ml Wasser, Kardamom, Zimt, Nelken und Würfelzucker unter Rühren aufkochen, leicht abkühlen lassen. Erneut aufkochen und in kleine Gläser füllen. 3–4 Minuten ruhen lassen, damit sich das Kaffeepulver setzen kann.

**Zubereitungszeit** 15 Minuten
**Pro Glas** 0 g E, 0 g F, 7 g KH = 30 kcal (124 kJ)

**Text und Redaktion: Wolfgang Zahner**
**Fotos: Jörn Rynio**
**Rezepte: Achim Ellmer**
**Assistentin: Karin Habermann**
**Arrangement: Michaela Suchy**
Art Director: Christian Talla
Layout: Ellen Struck, Anja Jung
Bildbearbeitung: Jutta Wolf
Schlussredaktion: Uta Kleimann, Dr. Stephanie Kloster
Projektleitung: Dr. Frank Stahmer
Titelgestaltung: Naumann & Göbel
Sonderausgabe der Naumann & Göbel Verlagsgesellschaft mbH
in der VEMAG Verlags- und Medien Aktiengesellschaft, Köln

Gesamtherstellung: Naumann & Göbel Verlagsgesellschaft mbH, Köln

ISBN 3-625-11041-5